Ágnes Berger/Franziska Henningsen/
Ludger M. Hermanns/János Can Togay (Hrsg.)

Psychoanalyse
hinter dem Eisernen Vorhang

D1673326

Berlin und Budapest sind aus der Frühzeit der Psychoanalyse kaum weg-zudenken. Nach Nationalsozialismus und Zweitem Weltkrieg aber musste die Psychoanalyse in Ungarn und der DDR unter einer kommunistischen Staatsideologie überleben. Wie konnte sie in einer solchermaßen abge-schotteten, repressiven Gesellschaft – nie offiziell verboten, aber als »Haus-psychologie des Imperialismus« diskreditiert – fortbestehen und sich weiter-entwickeln?

Ágnes Berger/Franziska Henningsen/
Ludger M. Hermanns/
János Can Togay (Hrsg.)

Psychoanalyse
hinter dem
Eisernen Vorhang

Beiträge von János Can Togay, Ferenc Erös,
Kinga Göncz, János Harmatta, André Haynal,
Ludger M. Hermanns, Arndt Ludwig, Judit Mészáros,
Péter Nádas, Annette Simon

Brandes & Apsel

Sie finden unser Gesamtverzeichnis mit aktuellen Informationen
im Internet unter: www.brandes-apsel-verlag.de
Wenn Sie unser Gesamtverzeichnis in gedruckter Form wünschen,
senden Sie uns eine E-Mail an: info@brandes-apsel-verlag.de
oder eine Postkarte an:
Brandes & Apsel Verlag, Scheidswaldstr. 22, 60385 Frankfurt a. M., Germany

1. Auflage 2010
© Brandes & Apsel Verlag GmbH, Frankfurt a. M.
Alle Rechte vorbehalten, insbesondere das Recht der Vervielfältigung und
Verbreitung sowie der Übersetzung, Mikroverfilmung, Einspeicherung und
Verarbeitung in elektronischen oder optischen Systemen, der öffentlichen
Wiedergabe durch Hörfunk-, Fernsehsendungen und Multimedia sowie der
Bereithaltung in einer Online-Datenbank oder im Internet zur Nutzung
durch Dritte.
Umschlag: Franziska Gumprecht, Brandes & Apsel Verlag, Frankfurt a. M.
DTP: Felicitas Müller, Brandes & Apsel Verlag, Frankfurt a. M.
Korrektorat: Caroline Ebinger, Brandes & Apsel Verlag, Frankfurt a. M.
Druck: Grafika Soča d. o. o., Printed in Slovenia
Gedruckt auf säurefreiem, alterungsbeständigem und chlorfrei
gebleichtem Papier.

Bibliografische Information Der Deutschen Nationalbibliothek:
Die Deutsche Nationalbibliothek verzeichnet diese Publikation in der
Deutschen Nationalbibliografie; detaillierte bibliografische
Daten sind im Internet über http://dnb.ddb.de abrufbar.

ISBN 978-3-86099-639-3

Inhalt

Einleitung

Die Achse Berlin – Budapest bildet einen transnationalen Erinnerungsort, an dem sich die Geschichte der Psychoanalyse im 20. und 21. Jahrhundert in verdichteter Form widerspiegelt. »Die Zentrale unserer Bewegung«, von der Freud 1918 sprach, wanderte von Wien über Budapest nach Berlin, um später in London neu etabliert zu werden. Die Nazizeit hat dramatische Spuren hinterlassen, die die Entwicklung der Psychoanalyse bis heute prägen.

Das 2007 auf historischem Boden zwischen Humboldt Universität und Museumsinsel wiedererrichtete Collegium Hungaricum Berlin erwies sich als idealer Ort für eine neue Begegnung von Psychoanalytikern aus Berlin und Budapest, aus Ost und West. Mit seiner klaren Linienführung und den luftigen Ausblicken in modernem Bauhausstil animiert das Gebäude dazu, auch innere Räume zu öffnen.

Von drei geplanten Tagungen ist die erste dem Thema »Psychoanalyse hinter dem Eisernen Vorhang« gewidmet. Aus der Perspektive der Gegenwart – also nach dem Fall der Mauer – wird auf die Hindernisse und Verwerfungen geschaut, die ein Leben mit der Psychoanalyse unter den Bedingungen zweier kommunistischer Diktaturen mit sich brachte.

Die einleitenden Worte der ungarischen Außenministerin Dr. *Kinga Göncz* – Psychiaterin und Psychoanalytikerin im Grundberuf – verliehen dem Treffen nicht nur einen besonderen Glanz, sondern führten sogleich in medias res: Sie zeigt an ihrer Person und in ihrem Text, dass die Psychoanalyse trotz massiver gesellschaftlicher Bedrängnis Überlebenschancen hatte und hat. Psychiater, die sie erlernten, lebten quasi – wenn auch im Verborgenen – in einer privilegierten Position und waren durch die Identifizierung mit den psychoanalytischen Grundsätzen in besonderem Maße auf die Demokratisierung der Gesellschaft vorbereitet.

André Haynal wirft in seinem Eröffnungsreferat einen Blick auf die gesamte Geschichte der Psychoanalyse, sein Beitrag liefert zugleich die Klammer für die gesamte geplante Reihe.

In diesem Buch wird einem Teil der Nachkriegsgeschichte der Psychoanalyse nachgespürt. Die Diktaturen in Ungarn und der ehemaligen DDR haben in unterschiedlicher Weise ihre Unterdrückungsmechanismen auf die Gruppe der Psychoanalytiker angewandt, die einzelnen Personen sind mit den Anfechtungen verschieden umgegangen. Die Identitätsentwicklungen waren verschieden und führten auch zu unterschiedlichen Schwerpunkten in der psychoanalytischen Theorie und Praxis, die bis zum Missbrauch beziehungsweise der Aufgabe wesentlicher psychoanalytischer Standards führte.

In Ungarn wurde die Psychoanalytische Gesellschaft nach dem Krieg massiv unter Druck gesetzt, unter anderem durch Georg Lukács.1949 löste sich die Gruppe auf. Eine Handvoll mutiger Psychoanalytiker arbeitete jedoch im Untergrund weiter, so dass die Psychoanalyse nie ganz verschwand. Anders in der DDR: Wichtige Vertreter der Psychoanalyse, die zugleich Kommunisten und Antifaschisten waren, trugen zur Auslöschung der Psychoanalyse bei. Geradezu parallel zum Casus Georg Lukács sind die ideologischen Verblendungen Walter Hollitschers zu lesen, der sich als Psychoanalytiker um die Vereinbarkeit Pawlow'scher Reflexlehre mit marxistischer Staatsdoktrin bemühte. Psychoanalytisches Denken wurde später von Kurt Höck in der »intendierten dynamischen Gruppentherapie« wiederbelebt, die in der Tradition Schultz-Henckes steht. Ende der 1970er Jahre begannen ostdeutsche Psychotherapeuten in subversiven Zirkeln über Psychoanalyse nachzudenken, gelegentliche Kontakte zu Ungarn unterstützten diese Strebungen, aber die Psychoanalyse blieb ein heimliches Objekt und war als solches vorhanden.

Die wissenschaftliche Reflexion der einzelnen Entwicklungslinien wird in diesem Buch ausnahmslos von Zeitzeugen vorgenommen. Sie haben ihren Texten einen besonderen Grad der Authentizität verliehen und damit auch ein Stück Begegnungsgeschichte geschrieben. Péter Nádas krönt diesen Sammelband mit einer eigens für die Tagung geschriebenen Kurzgeschichte: Er fängt den Leser nochmals ein und ermöglicht, das Erfahrene in seiner Tiefenschicht zu erleben – nicht ohne Humor, aber mit unerbittlicher Trennschärfe. In seinem Text tauchen das Erlebte und die Argumente wieder auf, hier wird das Bemühen der psychoanalytischen Wissenschaft erneut künstlerisch transformiert.

Die Herausgeber dieses Bandes danken im Namen des Collegium Hungaricum und der Deutschen Psychoanalytischen Vereinigung (DPV) den Autoren für die Bereitstellung ihrer Manuskripte und den Übersetzerinnen, insbesondere Helga Kremp-Ottenheym und Liselotte Cochu, die in mühevoller Arbeit die ungarischen und englischen Texte ins Deutsche übertrugen. Magdalena Frank hat dankenswerterweise einen Beitrag (Tonbandtranskription) lektoriert. Ein besonderer Dank gilt dem ungarischen Außenministerium und der Köhler-Stiftung, die das Projekt finanziell unterstützten.

Berlin, im Juli 2010
Ágnes Berger
Franziska Henningsen
Ludger M. Hermanns
János Can Togay

9

Grußwort von János Can Togay[1]

Sehr verehrte Frau Außenministerin Kinga Göncz, sehr verehrte Exzellenz Botschafter Peisch, Frau Botschafterin, sehr verehrte Frau Dr. Schlesinger-Kipp, sehr verehrter Herr Haynal, sehr geehrter Herr Hidas, sehr verehrte Frau Henningsen, sehr verehrter Herr Hermanns, sehr geehrte Experten, Konferenzteilnehmer, liebe Freunde!

Ich begrüße sie mit großer Freude zur Eröffnung unserer Konferenz zur *Psychoanalyse hinter dem Eisernen Vorhang*. Die, die mich und meine Begrüßungsworte kennen, wissen, dass ich stets darauf bedacht bin, mich kurz zu fassen. Bitte gewähren Sie mir heute ein bisschen mehr von Ihrer Geduld und gestatten Sie mir, bevor ich zu dem klassischen Grußwort des gastgebenden Direktors komme, einen etwas längeren Abstecher in die Realität und die Träume der 1980er Jahre. Dann werde ich, das verspreche ich Ihnen, meine Danksagungen und die Vorstellung unseres Unterfangens und unserer weiteren Pläne so kurz wie möglich fassen, um Sie den Worten unserer hochverehrten Gäste anzuvertrauen.

Meine Damen und Herren!

1982 hatte ich einen Traum. Das Semester war um, es war ein schwüler Sommer und anstatt wie üblich zu verreisen, verbrachte ich meine freien Tage in der Stadt beziehungsweise in meiner Einzimmerwohnung. Die Wohnung gehörte eigentlich meinen Eltern, sie benutzten sie als Gästewohnung. Als ich aber nach einigen Jahren Auslandsstudium nach Budapest zurückkehrte und den damaligen Umständen entsprechend keine Aussicht auf eine selbstständige Wohnmöglichkeit hatte, richteten sie es so ein, dass ich für meine Studienzeit an der Filmhochschule in diese so genannte Gästewohnung, die eigentlich die Wohnung meines Ziehvaters war, einziehen konnte. Wie gesagt, es war ein schwüler Sommer und bedrückend in mancher Hinsicht. Nichts schien sich zu regen, weder die Blätter an den Bäumen noch mein eigenes Schicksal, noch die Umstände, in denen ich mich befand. Schon seit einiger Zeit hatte ich das Gefühl, dass

---

[1]   Lektoriert von Jan-Gunnar Franke.

sich mein Leben irgendwie verfahren hatte. Ich war bereits 27, in meiner zweiten Studienzeit, und hatte nicht einmal die Aussicht, mir eine eigene Wohnung zu mieten, auch hatte ich keine feste Beziehung, wonach ich mich aber sehnte. Jede Beziehung jedoch, die ich hätte aufbauen können, schien mich dazu zu verpflichten, mich weiterhin dieser unbeweglichen, als aussichtslos empfundenen Lage zu verschreiben oder mich ihr zu ergeben. Ich hatte mich kürzlich auch mit meiner Schwester zerstritten, zu der mich eine innige Beziehung verband, die sich aber – wie schon einige Male vorgefallen – in meinen aktuellen besten Freund verliebte. So musste ich auf einmal die Gegenwart beider mir nahestehender Personen entbehren, denn sie waren mit ihren jüngst entdeckten Gefühlen beschäftigt. Dazu kam noch ein gescheiterter Heiratsplan mit einer jungen Französin, wozu meiner romantischen Leidenschaft auch die Hoffnung auf einen Reisepass Ansporn gegeben hatte. Kurz: Alles lief schief, und ich entschloss mich, mich aus dem Verkehr zu ziehen. Ich saß tagelang vor dem offenen Fenster an meiner Schreibmaschine, schrieb manchmal einige Zeilen, um meiner Prüfungsaufgabe als Regiestudent nachzukommen oder meiner insgeheim gehegten Ambition als Schriftsteller gerecht zu werden, ließ sie dann aber kurzerhand immer wieder sein, und starrte indes in das unbewegliche Laub des Baumes vor meinem Fenster. Mein junges Leben, so dachte ich, war nun vergangen in dieser regungslosen Welt, die nie ein Ende nehmen wird, und aus der es kein Entrinnen gibt. Alles wird immer genauso sein, die regungslosen Blätter, die schwüle Stadt, das Gesicht János Kádárs im Fernsehen, meine Lebenslügen und die Lügen, die wir tagtäglich aufgetischt bekamen, die dummen Blicke der Polizisten, der Kompromiss der Machthaber mit denen, die zumindest eine eigene Wohnung haben oder ihre eigenen Filme machen durften; all die starren Gesichter, die zynisch immer noch Sätze von sich geben, an die ich als Kind geglaubt hatte, die zur Karikatur verzerrten Gedanken, die unausgesprochene Wahrheiten verbleiben, die ich ahne, aber nicht in Worte zu fassen vermochte, die schwarz-weißen Bilder in den von der Sozialistischen Arbeiterpartei vertriebenen weißen Propagandaheften über 1956 mit den Gesichtern von Kriminellen, die ihre Tätowierung zeigen, die zu Stein erstarrten und zu Sand zerbröckelten Hoffnungen von 1968, dieses Zynische und Verlogene, dieses langsame vor sich hin Siechen dieser seiner letzten Wahrheiten beraubten Welt, einer gelähmten kleinkarierten Welt, deren Halt letztendlich die geschichtlich erlernte und geschickt aufrechterhaltene Angst ist, diese unsichtbare, lähmende Angst, die sogar in den regungslosen Blättern der Bäume lauert und keinen Ausweg gewährt... So dachte ich, rauchte eine Zigarette nach der anderen und starrte tagelang in die schwüle regungslose Luft der Bajzastraße.

Und dann hatte ich einen Traum. Mir träumte, ich wäre einer von drei Forschern – dieses Wort, Forscher, wurde mir im Traum zugeflüstert –, die in einem entlegenen, fernen Land inmitten der Wüste auf ein Schloss stoßen, das zu erkunden sie gesandt worden waren. Wie gesagt, wir waren zu dritt, eine jüngere Frau, an die dreißig, ein junger Mann, der ich selbst zu sein schien, und ein etwas älterer, an die vierzig grenzender Mann, den ich in meinem Traum mit etwas Eifersucht, aber auch mit Respekt betrachtete, hatte er doch etwas ausgesprochen Viriles in seinem Aussehen, mit seiner Lederjacke, seinen kurzgeschorenen schwarzen Haaren und seinem munteren, etwas ironischen Blick. Ich hatte den Eindruck, dass er von uns dreien auch die Aufgabe des Chauffeurs hatte, er war also der Fahrer des Wagens, der uns bis hierher gebracht hatte.

Überrascht und unerwartet befanden wir uns in einem der Räume des Schlosses und versuchten uns zurechtzufinden, als auf einmal ein stattlich gekleideter Herr hereintrat und uns auf einem silbernen Tablett drei Gläser Rotwein anbot. Unschlüssig nahmen wir die Gläser und tranken vom Wein, worauf sich der Herr, er hatte etwas von einem Maître d'hôtel, verneigte und den Raum verließ. Kurz vor der Tür drehte er sich jedoch noch um und sagte folgenden Satz, der uns alle erstarren ließ: »Ihre Hinrichtung wird heute Abend stattfinden.«

Wir schauten erschrocken auf die sich schließende Tür, die sich aber gleich wieder öffnete, um unserem Gastgeber erneut Eintritt zu gewähren. Dieses Mal jedoch war er von einem seltsamen alten Mann begleitet. Der Alte war klein, lächelte verhohlen, trug einen weißen Kittel und hatte graue Haare. Alles in allem ähnelte er einem greisen Chemieprofessor. »Er wird Ihre Begleitung sein bis dahin, wenn Sie einen Wunsch haben, wenden sie sich an ihn«, sagte der Maître d'hôtel und ließ uns mit dem Alten allein. Da standen wir drei wie gelähmt mit dem Bewusstsein unserer nahenden Hinrichtung. Der Alte wiederum blickte uns mit funkelnden schelmischen Augen an und wartete augenscheinlich darauf, wie er uns womöglich behilflich sein könnte.

Ich schaute verstohlen in die Runde und entdeckte hinter unserem Chauffeur ein Telefon auf einem Schreibtisch. Auch mein Gefährte schien es entdeckt zu haben, denn er näherte allmählich hinter seinem Rücken seine Hand dem Gerät, um womöglich den Versuch eines Hilferufs zu unternehmen. Der Alte jedoch folgte unseren Blicken, schien unsere Absicht durchschaut zu haben, erhob seinen Zeigefinger und winkte uns wie kleinen Kindern drohend zu, wobei sein Lächeln noch schelmischer wurde. Kurz darauf trat er zu mir und gab mir mit flinken Gesten zu verstehen, dass er eine Zigarette haben möchte, die er dann in einem silbernen Etui verschwinden ließ, und verließ mit einem Grinsen unerwartet den Raum.

Kaum fiel die Tür zu, stürzte ich zum Telefon, hob den Hörer – und musste feststellen, was ich ohnehin schon ahnte: dass das Telefon stumm war, wir auf diese Weise keine Verbindung zur Außenwelt aufnehmen konnten. Nach einer kurzen und hastigen Besprechung schlug der Fahrer vor, dass wir unseren Begleiter bitten sollten, uns an die frische Luft zu führen. Womöglich gab es hier nämlich einen Garten oder etwas Ähnliches, von wo aus wir eher entfliehen konnten. Der Plan schien vielversprechend, und sobald der Alte im weißen Kittel wieder in den Raum trat, versuchte ich ihm mit Händen und Füssen zu verstehen zu geben, worum wir ihn baten, denn er schien unsere Sprache entweder nicht zu verstehen oder aber er war taub. Auch trug ich mein Anliegen derart vor, dass unsere wahre Absicht dem Alten, wenn möglich, verborgen blieb. Jedoch vergebens, er verstand einerseits sofort, dass wir ihn darum baten, uns in den Garten des Schlosses zu führen, aber er schien auch unser geheimes Vorhaben sofort zu durchschauen, was er uns wieder mit schelmischem Lächeln und warnend erhobenem Zeigefinger zu verstehen gab. Umso größer war unsere Überraschung, als er uns mit wiederholten Gesten dazu aufforderte, ihm zu folgen, er würde uns unsere Bitte erfüllen.

Wir folgten dem Alten durch die langen Gänge und Korridore des Schlosses, bis wir zu einer kleinen hölzernen Tür gelangten, die ins Freie zu führen schien. Der Alte hielt da tatsächlich inne, schaute uns zwinkernd an, erhob abermals seinen Zeigefinger, sein Lächeln wurde immer schelmischer und breiter, und öffnete die Tür.

Als wir ins Freie heraustraten, verstanden wir im Nachhinein die Gesten des Alten, mit denen er sich anscheinend über uns lustig gemacht hatte. Der Ort, an dem wir angelangt waren, bot überhaupt keine Möglichkeit zur

Flucht, denn er war ein Atrium, ein Innenhof des Schlosses, umgeben vom Gebäude selbst, ohne jegliche Gartenmauer, über die hinweg wir eventuell türmen konnten. Der Alte schien unsere Enttäuschung zu genießen, lächelte abermals und ließ uns allein.

Das Tor zum Garten schloss sich, und wieder saßen wir in der Klemme. Der Augenblick unserer Hinrichtung nahte, und wir wussten weder ein noch aus. Wir schienen verloren. Da erblickten wir einen Brunnen inmitten des Innenhofes, von dem wir annahmen, dass in seiner Tiefe sich vielleicht ein Durchgang unter den Gemäuern des Schlosses hindurch bieten könnte. Mit gemischten Gefühlen – denn in der Zwischenzeit schien sich ein eigenartiges Bündnis zwischen der Frau, der ich immer mehr zugetan war, und dem Mann in der Lederjacke zu knüpfen, das mich mit Eifersucht erfüllte – übernahm ich den Auftrag, in die Tiefe des Brunnens zu steigen, um den dort angeblich versteckten Weg ins Freie zu erkunden. Doch kaum war ich unten angelangt und entdeckte gerade das Loch in der Brunnenwand, erschien über meinem Kopf in der Höhe ein fremder, uns noch unbekannter Mann am Brunnenrand und blickte nach mir suchend in die Tiefe. Er war gut gekleidet, mit einem überraschend vertrauenerregenden Gesicht und in Begleitung eines kleinen Jungen, der anscheinend sein Sohn war und dem er mit unmissverständlichen Gesten von mir beziehungsweise dem Wagnis meines Fluchtversuches erzählte, indem er mit seinem Finger auf mich deutete. Ich holte tief Luft und versank unter Wasser, um mich zu verstecken, konnte aber durch den Wasserspiegel erkennen, wie der Mann ganz ruhig seinem Sohn meine Absichten und die Lage, in der ich mich befand, erläuterte. Der Junge hielt nach mir Ausschau, nickte zum Zeichen des Verstehens und bald darauf verschwanden sie aus meinem Blickfeld.

Als ich nach gewisser Zeit wieder aus dem Brunnen emporstieg, erwarteten mich meine Gefährten, der schwarzhaarige Mann und die junge Frau. Wir waren uns einig, dass uns aufgrund meiner Entdeckung durch den Fremden und den kleinen Jungen auch dieser mögliche Fluchtweg versperrt blieb, denn es ist natürlich nicht anzunehmen, dass die Bewohner des Schlosses keine Vorsichtsmaßnahmen bezüglich dieses Tunnels vorgenommen hätten, womöglich war er schon seit Langem verschüttet. Unschlüssig und letztendlich verzweifelt diskutierte ich mit unserem Chauffeur über unsere Lage, als wir uns zu der Frau wendend mit Schrecken feststellten, dass sie verschwunden war. Der Hof um uns herum war leer, sie war nirgends zu sehen, nur die kleine Tür zum Schloss stand offen. Hastig rannten wir ihr nach, ohne uns vorstellen zu können, was wohl mit ihr geschehen sein mochte… Unsere eiligen Schritte hallten auf den Korridoren, und wir mussten uns von Mal zu Mal verstecken, um nicht von den Schlossbewohnern entdeckt zu werden. Aber alle unsere Vorsicht war umsonst, denn hinter einer Biegung erschien unerwartet unser Begleiter, der kleine Alte im weißen Kittel. Er allerdings schien überhaupt nicht überrascht zu sein und ungeachtet unserer Erregung und Angst, von ihm ertappt worden zu sein, trat er an mich heran und bat mit einer wiederholten Geste um eine Zigarette, die er lächelnd in seinem Silberetui versenkte. Dann wies er uns mit einer eindeutigen Geste die Richtung, in der wir unsere Schicksalsgenossin finden konnten, und verließ uns mit schnellen kleinen Schritten.

Verunsichert eilten wir in die angedeutete Richtung und entdeckten die Frau vor einem großen Tor, das anscheinend aus dem Schloss führte. Sie starrte wie gebannt auf das Tor und behauptete stockenden Atems, dass es offen sei. Der Führer warnte vor einer Falle, auch ich schaute mich ängstlich um und bat sie, keine Dummheiten zu machen. Sie aber reagierte nicht auf unsere Einwände, berührte das Tor und zog mit einem sanften, doch sehr entschlossenen Ruck daran. Und siehe da: Das Tor öffnete sich – und ein Weg schien über die Treppen in die Freiheit zu führen. Der Chauffeur warnte uns erneut vor einer Falle, und ich sah in der Ferne des Korridors Gestalten erscheinen, die uns gespannt beobachteten. Unter ihnen der Alte im weißen Kittel, der Maître d'hôtel und der Vater mit seinem Sohn. Doch die Frau kümmerte sich nicht um sie, sie sagte, sie würden uns nichts tun, und beschritt langsam und entschlossen ihren Weg ins Freie. Wir folgten ihr. Ich wagte erst zurückzuschauen, als wir schon ziemlich weit vom Schloss entfernt waren… In den Fenstern des großen Gebäudes entdeckte ich die Schlossbewohner, unter ihnen wieder den Alten im weißen Kittel, er lächelte und winkte uns zu. Auch der Mann mit dem kleinen Jungen winkte, dann verschwanden sie im Gebäude.

Meine Damen und Herren, seit 1983 habe ich sehr oft an meinen Traum gedacht, an den Gedanken, dass wir bis zu unserer angekündigten Hinrichtung, was auch immer wir darunter verstehen wollen, grundsätzlich freie Menschen sind und trotz unserer Ängste von dieser Freiheit Gebrauch machen sollten. Doch nie habe ich mich so stark an meinen eigenartigen Traum aus der Mitte meines persönlichen und gesellschaftlichen Daseins des so genannten Sozialismus erinnert, wie in der Nacht, in der ich all die Menschen sah, die, ihre Angst überwindend, durch das Brandenburger Tor schritten, um endlich der ständigen Bedrohung in die Augen zu schauen und ihre eigenen Freiheitsmöglichkeiten zu erfahren.

Sehr verehrte Frau Außenministerin, meine Damen und Herren, die Idee, am Collegium Hungaricum Berlin eine Veranstaltung über die *Psychoanalyse hinter dem Eisernen Vorhang* zu machen, entsprang der Neugier und dem Verlangen zu verstehen, wie weit unmittelbar seelische Inhalte und Motivationen einen Einfluss auf die Geschichte nehmen können, und ob unser geschichtliches soziales Dasein mit der Terminologie und der Methodologie der Psychoanalyse zu erfassen sind. Um so mehr stellte sich diese Frage, da in den Diktaturen, die die meisten unter uns, meine Damen und Herren, so oder so erlebt und erlitten haben, die Psychoanalyse prinzipiell und grundsätzlich verpönt, ja verfolgt wurde, und dass oft die pure Erwähnung ihrer Termini als Gefahr verbucht worden ist. Was spiegelte sich denn so eklatant in diesem Gedankengut, das den Diktaturen so gefährlich erschien? Was war, um es so zu formulieren, derart in ihrer Psyche verdrängt – und welche seelischen Inhalte wurden auf die unbeweglichen Portraits von Freud, Reich, Ferenczi, Jung und ihren Nachfolgern übertragen? Und dieser Fragen mehr… Welche Art von Beziehung entsteht zwischen Analytikern und Patienten, die trotz gebotener Abstinenz unter den Umständen der Verdrängung eigentlich analytisch unerlaubterweise einen Bund miteinander schließen, nämlich den Bund gegenüber der Staatsraison der Diktatur? Wie verändern sich konstituierende Inhalte der Psyche, wenn die Vaterfigur ihrer Autorität enthoben und durch die staatliche Autorität und deren Derivate ersetzt wird? Was geschieht durch die Aufhebung des Alten und des Neuen Testaments, der Autorität der Gebote, wenn sie durch staatliche Willkür ihrer Sakralität enthoben werden, und was mit der Emanzipation des Einzelnen in einer Welt der totalen seelischen Bevormundung?

Das sind die Fragen eines Laien, meine Damen und Herren, aber wir als Laien am Collegium Hungaricum Berlin haben die Absicht, die kulturellen und geschichtlichen Fragen zu stellen, die uns bewegen, und Experten dazu einzuladen, sich von der laienhaften Fragestellung inspirieren zu lassen und wiederum uns mit ihren Einsichten und Ansichten zu bereichern – und, lassen sie mich diesen Sprung machen, unser europäisches Sein und unsere Kultur gemeinsam erleben zu lassen. Nicht von ungefähr ist es das Berliner Collegium Hungaricum, das so eine gemeinsame Fragestellung mit der Deutschen Psychoanalytischen Vereinigung initiiert. Ich kann Ihnen meine tiefe Freude über diese Zusammenarbeit gar nicht genug und wahrhaftig vermitteln. Seit April dieses Jahres arbeiten wir mit Frau Franziska Henningsen und Herrn Ludger Hermanns zusammen, um mit Hilfe ihrer Expertise, aber auch belebt und angefeuert durch ihre Verbundenheit und ihr wissenschaftliches Commitment, der ursprünglich vagen Idee einer solchen Konferenz zu handfesten Konturen zu verhelfen. Es war eine intensive und sehr fruchtbare Zeit der Zusammenarbeit und des Gedankenaustauschs, in der wir mit meiner Kollegin Ágnes Berger, der Projektleiterin unseres Unterfangens, seitens unserer wissenschaftlichen Paten nie mit unserer Unwissenheit konfrontiert wurden; im Gegenteil, wo wir das Gefühl haben durften, dass unsere Arbeit nicht nur für den interessierten Laien, sondern auch für den Fachmann Früchte tragen kann. Aus dieser gemeinsamen Arbeit entsprang auch das gemeinsame Anliegen, die durch die Diktaturen unterbrochene, aber durch spannende Umwege wieder und wieder neu errichtete Verknüpfung der Budapester und der Berliner Schule der Psychoanalyse zu untersuchen und neu zu beleben. In diesem Sinne planen wir die zweijährliche Wiederkehr einer Konferenz in dieser Reihe, über die uns im Weiteren Herr Hermanns noch bestimmt manches berichten wird.

Meine Damen und Herren, die Psychoanalyse erfreut sich nicht mehr des nahezu übersteigerten Interesses wie beispielsweise in den 60er und 70er Jahren des vorigen Jahrhunderts, sie ist und bleibt aber weiterhin der unersetzliche Ausgangspunkt für das Verständnis unserer menschlichsten Motive, ohne die es nicht die Kraft in uns geben würde, unsere Ängste zu überwinden und unserem Freiheitsdrang zu gehorchen, der früher oder später Unterdrückung und Mauern infragestellt.

Ich wünsche Ihnen für die nächsten Stunden und Tage, dass Sie viele grundlegende Einsichten wiederbelebt erfahren und möchte mich bei der Deutschen Psychoanalytischen Vereinigung, insbesondere bei Frau Henningsen und Herrn Hermanns, für ihre schon geleistete und noch bevorstehende Arbeit bedanken. Auch gilt mein Dank natürlich all unseren hochkarätigen Gästen, die unsere Einladung angenommen haben; dies gilt ganz besonders unserer werten Schirmherrin, der Außenministerin der Republik Ungarn, Frau Kinga Göncz, die mit ihrer Anwesenheit die Wichtigkeit unseres Zieles unterstreicht und die, so schmeicheln wir uns insgeheim, unsere Einladung nicht aus protokollarischen Gründen, sondern vor allem aus beruflichem Interesse, vornehmlich in ihrer Qualität als Psychiaterin, so bereitwillig angenommen hat. Ich danke Ihnen, Frau Göncz, und bitte Sie, Ihr Geleitwort für unsere Konferenz zu halten.

János Can Togay
Direktor Collegium Hungaricum Berlin

Grußwort von Kinga Göncz

Ich danke für die Einladung zu dieser Konferenz. Ich konnte schon bei der ersten Anfrage zusagen und diesen Termin mit anderen Veranstaltungen in Berlin gut verbinden. Mit großer Freude habe ich meinen Aufenthalt verlängert. Ich bin ursprünglich Psychiaterin, Psychotherapeutin und Psychoanalytikerin, und ich fühle mich darin immer noch zu Hause.

Wenn man in Berlin von Psychoanalyse spricht, dann denkt man, die Psychoanalyse sei par excellence eine mitteleuropäische Erfindung. Damals, als Freud, Ferenczi, Abraham und Jung in enger Zusammenarbeit die Grundlagen der Psychoanalyse entwickelten, haben sie wahrscheinlich nicht gedacht, dass die gemeinsame Kultur als gute Grundlage für ihre Zusammenarbeit diente. Wir wissen, dass diese zwei Städte, diese drei Länder, eine sehr unterschiedliche Geschichte hatten. Sie haben sehr schwere Zeiten durchgemacht, auch die Psychoanalyse war in einer sehr schwierigen Situation. In jedem Land einzeln und zu unterschiedlichen Zeiten wurde sie befreit. Sie bekam neue Möglichkeiten für ihre legale Verbreitung. Aber wirklich spannend ist, dass die Analyse diese schwere Zeit scheinbar spurlos überstehen konnte. Es ist, als ob ein irgendwo in der Tiefe existierender Strom die psychoanalytische Denkweise in Mitteleuropa immer gegenwärtig hielt. Und man kann sehen, dass sie darüber hinaus Teil des alltäglichen Denkens und der Kunst wurde. Sie hat das Denken der Experten beeinflusst, aber sie ist auch ein Teil des Alltags.

Die Psychoanalyse konnte in Ungarn in einer ganz speziellen Weise überleben. Das wird aber in den kommenden zwei Tagen noch ausführlicher erörtert, daher möchte ich auf die fachlichen Einzelheiten nicht eingehen. Ich möchte nur ein paar Gedanken äußern: In Ungarn waren die Arbeitsbedingungen für die Psychoanalytiker nach dem Krieg speziell. Sie waren in erster Linie als Ferenczi-Schüler ausgebildet worden und arbeiteten anfänglich in ihren eigenen Wohnungen, ohne Anerkennung von außen. Eigentlich sind sie damit ein hohes Risiko eingegangen, ebenso wie die Menschen, die dann zu ihnen zur Ausbildung kamen. Nur so konnte die Psychoanalyse weiterleben und auch die Ausbildung fortgesetzt werden.

Zugleich haben die Menschen mit der Entscheidung für einen ärztlichen Beruf, darunter die Psychiatrie, einen symbolischen Schritt getan: Das totalitäre System hatte den Anspruch, alle Berufe zu kontrollieren, auf alle Berufe einen ideologischen Einfluss auszuüben. Die ärztlichen Berufe waren davon jedoch weniger betroffen, denn unsere omnipotenten Väter wussten genau, dass sie auch selbst einer Situation ausgeliefert sein könnten, in der man gut ausgebildete Ärzte braucht. Die rein ideologische Ausbildung würde dafür nicht genügen. Sie hofften einfach darauf, dass die guten Mediziner gleichzeitig systemtreu seien. Vermutlich gab es auch bei der Wahl der ärztlichen Berufe eine Art Selektion. Allerdings haben diejenigen, die sich nach mehr Unabhängigkeit, nach ein bisschen mehr Freiheit sehnten, mit größerer Wahrscheinlichkeit den ärztlichen Beruf gewählt. Unter den Menschen, die sich für die psychoanalytische Ausbildung und Therapie entschieden, gab es einen gleichen Anspruch und eine starke gemeinsame Motivation zu einer solchen Unabhängigkeit.

Wir kennen die anspruchsvollen Forderungen der Fachverbände und wissen, dass viele sie als Schinderei betrachten. Man weiß zwar, dass eine bestimmte Zeit der persönlichen Analyse notwendig ist, in vielen Fällen ist es aber fraglich, wie groß die persönliche Motivation dafür wirklich ist. Es ist sicher, dass das damals als Motivation hinter dem Eisernen Vorhang nicht vorkam. Man wusste ja damals nicht, ob die Analyse später als anerkannter Beruf gelten oder ob man sie auf eine andere Art einsetzen können würde.

Wir denken gewöhnlich, dass nur negative Dinge hinter dem Eisernen Vorhang geschahen. Ich meine, wir sollten die Betonung stärker auf das Positive legen, das unser Leben hinter dem Eisernen Vorhang charakterisierte. Denn von außen schien dieses Leben schwer zu bewältigen zu sein. Ich denke, viele von Ihnen, die heute hier aus Ungarn oder aus der ehemaligen DDR kommen, können meine Ansicht über diese Zeit teilen. Wir lebten in einer eigenartigen Mikrowelt mit sehr vielen positiven und negativen Seiten. Ich möchte einen solchen Aspekt hervorheben, der sogar eine positive Wirkung auf die Psychoanalyse hatte: die Entscheidung zum Beruf, die Motivation der unbedingten Wahl der Psychoanalyse. Es gab Menschen, die das Fach für ihre eigene Integrität, für ihre eigene innere Freiheit gewählt haben. Es gab eine eigenartige Trennung zwischen dem guten und dem bösen Teil der Welt. Hier wäre es sehr interessant zu vergleichen, wo die Grenze in anderen sozialistischen Ländern zwischen dem Guten und dem Bösen lag. Zwischen dem Bereich, in dem die Menschen dem Anderen noch vertrauen konnten, und dem, in dem nur noch Misstrauen das Leben charakterisierte. Ich glaube, dass man diese Mikrowelt, in der man dem Anderen vertrauen konnte, durch die Psychoanalyse erweitern konnte. Es war immer sehr spannend, wo die Grenzen dieser Welt lagen. Man wusste sicher, wer sich inner- oder außerhalb der Grenzen befand. Die Vertreter des Systems waren draußen, die Objekte negativer Projektion.

Ich möchte Ihnen eine sehr persönliche Geschichte darüber erzählen, was geschah, wenn man auf die andere Seite dieser zerrissenen Welt traf. Mein Vater war nach 1956 im Gefängnis. Es gab eine Regel in der Gefängnisordnung, die besagte, dass man halbjährlich nur ein 3,5 Kilo schweres Paket schicken durfte. Ich weiß nicht, warum es gerade das Gewicht von 3,5 Kilo war. Aber natürlich waren diese Pakete immer schwerer als 3,5 Kilo. Man hat richtig nachgedacht, was man schicken sollte, damit der Empfänger das nächste halbe Jahr noch meistern konnte. Damals war ich noch ein Kind im Alter von zehn, elf Jahren. Meine Aufgabe war, das Paket zur Post zu bringen und dem Postfräulein Bescheid zu sagen, dass das Paket 3,5 Kilo wiegt. Die Person, die es später gewogen hat, schrieb dann immer 3,5 Kilo auf das Paket, obwohl es 4,5 Kilo wog. Die Postfräuleins, die in diesem Kreis arbeiteten, wussten nämlich genau, dass sie auf an das Kozma Utcai Gefängnis adressierte Pakete 3,5 kg schreiben mussten. Ich erinnere mich bis heute an meine Verwunderung, als ich eines Tages zur Post ging, das Paket dem Postfräulein gab und wie immer sagte, dass es 3,5 kg wiege und sie daraufhin erwiderte, nein, es wiege 4,5 kg. Ich spüre noch diese Fassungslosigkeit darüber, dass diese Frau nicht wusste, was sie auf das Paket schreiben sollte.

Das Spannendste war eigentlich immer, was an der Grenze dieser inneren Welt, dieser Mikrowelt geschah. Wenn wir uns wirklich auf die positiven Sachen konzentrieren, dann lohnt es sich sicher, darüber zu sprechen, wie der Mensch auf eine besondere Weise das gelernt hat, was er später als Analytiker sehr gut benutzen konnte. Wir Analytiker lesen aus kleinen Signalen, die in der Psychoanalyse wahnsinnig wichtig sind. Man versteht nicht nur die Ebene der manifesten Mitteilung, sondern darüber hinaus alle anderen Mitteilungsebenen wie die der Metakommunikation, der verbalen Handlung. Meiner Meinung nach war es aus verschiedenen Gründen das bestmögliche Training. Der Mensch wurde von der Kindheit an dazu ausgebildet, diese verschiedenen Ebenen lesen zu können. Er lernte auch umgekehrt, wie er seinen vorhandenen Platz kreativ gebrauchen kann, und wie er über diese Grenze hinweg das erreichen kann, was schon außerhalb dieser Mikrowelt liegt. Ich glaube, dass die Kreativität dadurch sehr gesteigert wurde. Ich erinnere mich noch daran, wie die Witze in Ungarn verschwanden, als der Eiserne Vorhang fiel; dabei haben wir es gar nicht bereut. Es waren fantastisch gute Witze gewesen. Ich weiß nicht, ob man so etwas auch in Deutschland erlebt hat, ob es unter diesem Gesichtspunkt je einen Unterschied zwischen West- und Ostdeutschland zu beobachten gab. In Ungarn sind die Witze ganz schnell verschwunden. Es hatte eine Kreativität gegeben, die zur Verarbeitung nötig war, zum Durch-Leben. Sie bedeutete das tatsächliche Verständnis dieser absurden Welt und machte es möglich, in ihr zu leben. Die Psychoanalyse war in dieser Hinsicht außergewöhnlich.

In der besagten Welt draußen gab es keine klaren Regeln, genau das war der Kern, der dieses Regime ausmachte; dass niemand wusste, wo die Grenzen liegen. Es wurde zu einem Spiel, diese Grenzen herauszufinden, sie in der Reaktion auf die Provokation seitens des Regimes zu erproben: Zeitweise spürte man, wie die Grenzen näher rückten und sich dann wieder weiter entfernten.

Ich meine zum Beispiel die (Samisdat-) Untergrundliteratur. Die Trabis der Menschen, die solche illegalen Publikationen lieferten, wurden ab und zu mal angehalten, dann passierte monatelang wieder nichts. Man konnte nie wissen, wo die Grenze lag. Im Vergleich dazu war es sehr interessant, dass die Psychoanalyse klare Regeln hatte: wann eine Stunde einen Anfang und ein Ende hat, was man bezahlen sollte, wohin man gehen sollte etc. Das hat eine neue, erfrischende Struktur in die Welt gebracht. Eigentlich hat das den Menschen sogar ermöglicht, sich auf die dann folgenden Entwicklungen vorzubereiten.

Die Situation hatte noch eine weitere Absurdität, die vielleicht meine Kollegen auch teilen, dass man das »Therapie-Regime«, das ab den 1970er Jahren schon in Ungarn existierte, als Demokratiewerkstatt betrachten kann. Übrigens war die Demokratie streng verboten, und alles, was in dieser Richtung vor sich ging, war verdächtig. Nur was in Abteilungen für Psychiatrie geschah, das interessierte niemanden. Ich glaube, dass das für uns alle, die damals entweder als Patient oder als Therapeut beteiligt waren, auf eine absurde Weise eine Vorbereitung für die neue Welt bedeutete. In dieser demokratischen Welt existierten Regeln, verschiedene Interessen und Werte, mit denen man unter diesen Umständen umgehen musste. Ich meine, dass die Psychiater in einer privilegierten Lage waren, weil sie daran teilnehmen konnten. Nicht alle konnten zu diesem Kreis gehören. Wir alle haben die Grenzöffnung nach der Wende erlebt und die Wiedervereinigung, die für einen Großteil der Menschen eine Möglichkeit zur Integration der durch strenge Grenzen getrennten Welten bot. So konnten neue Handlungsformen gefunden werden, die sich nicht auf die äußere, sondern auf die innere Welt bezogen. Das war eine Startmöglichkeit, die ein großes Maß an Kreativität freigesetzt hat. Diese Kreativität wurde aktiv, nicht mehr nur in der Erfindung von Witzen.

Trotz dieser Befreiung mühen sich diese Gesellschaften immer noch ab. Es wäre interessant zu untersuchen, welche jeweils wie stark. Wir wissen, die Integration ist nach der Trennung sehr schwer. Wir müssen in dieser gemeinsamen Welt die guten und die bösen Aspekte vereinen. Dadurch wird die Welt einerseits bunter, aber die Zusammenführung macht das Leben in ihr auch emotional schwieriger. Wir sehen, dass die Gesellschaften weiterhin ein Bedürfnis nach Grenzen haben. Die Grenzen sind nicht mehr eindeutig, jeder sucht sie für sich selbst, je nach Bedarf, ob man einen Selbstfeind, einen Sündenbock oder eine negative Projektionsfigur benötigt. Es fällt einem oft das Beispiel Moses ein, der ganze 40 Jahre durch die Wüste gewandert ist, bis er sein Volk in das kanaanäische Land führte. Davon haben wir bisher 20 Jahre hinter uns. Es ist gerade 20 Jahre her, dass der Eiserne Vorhang fiel. Die größte Grenzprobe war, als unsere Freunde aus der DDR, die nach dem Paneuropäischen Picknick da geblieben waren, auf das Wunder warteten, dass Ungarn die Grenzen öffnen würde. Ich und vielleicht noch viele andere erinnern uns bis heute an die Beklemmungen und Befürchtungen bei dem Gedanken, was passieren würde, wenn wir zwei Welten wieder zusammenkommen lassen: entweder Zusammenbruch oder die Auflösung der Grenzen. Und diese Welt wurde tatsächlich in Ungarn geöffnet. Das war der erste Schritt zu allen anderen Grenzöffnungen, aber damals wussten wir noch nicht, welche Folgen das mit sich bringen würde. Ich glaube, dass viele Grenzen bis heute bestehen. Wir müssen alle zusammen daran arbeiten, sie abzubauen. Wir haben also noch viel zu tun.

Ich wurde oft gefragt, wie man von einer Psychoanalytikerin zur Außenministerin wird. Meiner Meinung nach wäre es gar nicht so schlecht, wenn Politiker eine psychoanalytische Ausbildung bekommen könnten. Die zwei Berufe liegen unter dem Gesichtspunkt, dass die Menschen in ihren Berufen als Projektionsfiguren und nicht als eigene Persönlichkeiten wahrgenommen werden, nicht weit voneinander entfernt. Auf sie wird mal das Bild eines Omnipotenten, dann wiederum die negative Leidenschaft projiziert. Damit man als Politiker dazu Distanz wahren und solche Gegensätzlichkeiten verarbeiten kann, würde ein psychoanalytisches Training nicht schaden.

So etwas würde ich nie außerhalb dieses Raums erzählen. Vielen Dank noch mal für die Einladung. Es freut mich wirklich, dass ich hier sein konnte. Ich hoffe, dass die Konferenz weiterhin gut gelingen wird. Ich muss jetzt leider weitergehen, da dieses Leben so verlockend und verrückt ist. Ich hoffe, dass meine Kollegen mir alles genau berichten werden. Ich bin der Überzeugung, dass wir daraus viel lernen können.

Dr. Kinga Göncz
Außenministerin der Republik Ungarn

André Haynal

Die ungarische Psychoanalyse
unter totalitären Regimen

Arthur Koestler (1952, 297) schrieb:

Hungarians are the only people in Europe without racial or linguistic relatives in Europe, therefore they are the loneliest on this continent. This [...] perhaps explains the peculiar intensity of their existence [...] Hopeless solitude feeds their creativity, their desire for achieving [...] To be Hungarian is a collective neurosis.[1]

Nach Koestler ist also Ungarsein eine Neurose. Er schreibt dies der sprachlichen Isolation und dem kulturellen Alleinsein zu. Vielleicht ist es der Grund, warum die Budapester Kultur der Psychoanalyse bedurfte und soviel Interesse für sie zeigte. Auch eine Reihe von Schriftstellern wie Sándor Márai, Tabori, Hay oder Arthur Koestler selbst bis hin zu Imre Kertész, Péter Nádas und andere sind offensichtlich von ihr beeinflusst. Dazu kommen die Poeten, die selbst Psychoanalytiker und -analytikerinnen waren, wie Edit Ludowyk-Gyömröi (später in Ceylon und dann in London) und Georges Devereux (US, später in Paris).

Rückblick: Die »Budapester Schule«

Ungarn, um 1900 Teil der Habsburger Monarchie, war das erste Land außerhalb des deutschen Sprachraums, in dem die Psychoanalyse Fuß fasste und große Verbreitung fand. Die »Budapester Schule« weist viele selbst-

---

[1] »Die Ungarn sind die einzigen Europäer, die keine rassischen oder sprachlichen Verwandten haben, und deswegen sind sie auch die einsamsten auf diesem Kontinent. Dies [...] erklärt vielleicht die eigenartige Intensität ihrer Existenz [...]. Ihre Kreativität und ihr Drang, etwas erreichen zu wollen, wird aus hoffnungsloser Einsamkeit gespeist. [...] Ungar zu sein ist eine kollektive Neurose.« (meine Übersetzung).

ständige Züge auf, die von der Persönlichkeit und Tätigkeit Sándor Ferenczis nicht zu trennen sind.

Sándor Ferenczi, eine herausragende Persönlichkeit und typischer Vertreter der jüdisch-budapester Kultur, stammte aus einer Immigrantenfamilie aus den damaligen Ostgebieten Österreichs (Galizien). Sein Vater besaß eine Buchhandlung und einen Verlag in Miskolc, einer Industriestadt Nord-Ungarns, bei dem auch Fischer und Julius Barth, zwei später berühmte deutsche Verleger, ihre Lehrzeit verbrachten. Sándor sprach mit seiner Mutter Jiddisch, studierte Medizin in Wien und war also zum Teil von deutschsprachiger Kultur.

In Freuds Urteil (1933c, 268) haben Ferenczis Arbeiten »alle Analytiker zu seinen Schülern gemacht« und er meinte, dass es »nicht glaublich« ist, »dass die Geschichte unserer Wissenschaft seiner vergessen wird« (ebd., 269). Tatsächlich beeinflusste Ferenczi die gesamte psychoanalytische Bewegung, vor allem das therapeutische Vorgehen, als »Technik« bezeichnet. Er galt als Spezialist für »hoffnungslose Fälle«. In den Augen Freuds (ebd.) sei das »Bedürfnis zu heilen und zu helfen [...] in ihm übermächtig geworden« (ebd). Nichtsdestoweniger hat er Perspektiven eröffnet, deren Bedeutung heute immer mehr anerkannt wird. Sein Wirken ist dafür verantwortlich, dass das ursprüngliche Modell von Traumdeutungsstunden zu einem *Prozess* der Beziehungsentwicklung in der *analytischen Situation* wurde, im inneren Raum der Begegnung und der gegenseitig durchdringenden Verknüpfung zwischen Analysand und Analytiker. Die Psychoanalyse wurde durch ihn von einem der Assoziationspsychologie und Symboldeutung verpflichteten Modell zu einem erlebnismäßigen *pathetischen* Prozess und zu einer Begegnung zwischen einem mitfühlenden Analytiker und seinem Patienten, anstatt eines in *rhetorischem* Austausch befangenen (Haynal 2002).

Sekretär der 1913 von Ferenczi gegründeten Gruppe war anfangs István (Stefan) Hollós, Direktor der Irrenanstalt »Lipótmezö« (Leopold-Wiese), der als Erster die Welt der Psychotiker in seinem auch ins Deutsche übersetzten Buch *Abschied vom gelben Haus* (1926) beschrieb. Vermerken wir, dass diese Klinik von Kaiser Franz Joseph anlässlich der 1.000-Jahr-Feier des ungarischen Königreichs (Millennium, 1896) als Geschenk an Budapest gestiftet wurde – böse Zungen meinten, dass die (verrückten) Ungarn nichts Besseres als eine Irrenanstalt in ihrer Hauptstadt brauchten.

War die Psychoanalyse für die Spießbürger in Wien und Budapest auch eine dieser Verrücktheiten, die im medizinischen Milieu sowie in literarischen und philosophischen Kreisen sehr rasch aufgenommen wurde? Sogar von dem Professor der Psychiatrie, Ernö Moravcsik, wurde Freuds Methode als eine, welche »einen Einblick in den geheimnisvollen Mechanismus der Seele zu vermitteln« imstande sei (Paál 1976, 104), angesehen. Auch die praktischen Ärzte zeigten sich an der Psychoanalyse interessiert, und die ersten Versuche für einen geeigneten Unterricht für Ärzte, wie er in den späteren Balint-Gruppen verwirklicht wurde, fanden bereits statt.

Eine der originellsten Persönlichkeiten in der psychoanalytischen Gruppe war zweifelsohne Melanie Klein, die von 1916 bis 1920 – wegen ihrer Depression – bei Ferenczi in therapeutischer Analyse war. Von Ferenczi dazu angeregt, hatte sie bereits während ihrer Tätigkeit in Budapest ihre Spieltechnik entwickelt. Diese in einer Wiener Klinik geborene Frau lebte zunächst mit ihren Eltern in Deutschkreuz, im Burgenland, damals auf ungarischem Territorium. Sie verbrachte häufig ihre Sommerurlaube in den Tatra Gebirgen (heute Slowakei, damals Ungarn) und begab sich von da aus zur Behandlung bei Ferenczi nach Budapest (Grosskurth 1986). Sie gehörte folglich der Budapester und später der Berliner Schule an, bis sie dann in London ihre neue Heimat fand. Zwei herausragende Persönlichkeiten, Abraham und Ferenczi, haben einen großen Einfluss auf sie ausgeübt. Abraham, diszipliniert, exakt, seriös, wissenschaftlich orientiert, klarer Geist und guter Organisator, hat sie in ihren Theorien, unter anderen bezüglich der »depressiven Position« grundlegend beeinflusst. Ferenczi, weniger zurückhaltend, phantasiereich, liebenswürdig, auch künstlerisch-literarisch interessiert, charismatisch, beeindruckte sie durch sein therapeutisches Vorgehen und die Problematik der Introjektion-Projektion.[2]

Ferenczi war der festen Überzeugung, wie Freud, dass auch Nichtmediziner zu PsychoanalytikerInnen ausgebildet werden sollten. Unter diesen

---

[2] Da Ferenczi damals, vor allem etwa nach 1927 und später nach seinem Tod, in der psychoanalytischen Bewegung umstritten war, hat sie ihn aus politischer Vorsicht in ihren publizierten Schriften viel seltener erwähnt als in ihren persönlichen Aufzeichnungen wie in ihrem Tagebuch (Grosskurth 1986).

war in Budapest der Ethnologe Géza Roheim, der mit einem Stipendium von Marie Bonaparte ein Jahr lang in Australien Forschungen anstellte.[3]

Vielleicht unter dem Einfluss von Ferenczi, der sich über die subjektiv als unbefriedigend empfundene Zuwendung seiner Mutter häufig beklagte, ist bei vielen seiner Nachfolger ein Interesse für die Rolle der Mutter geweckt worden. Vielleicht war die Budapester auch eine eher »matriarchale« Kultur unter dem Deckmantel einer patriarchalen Ordnung – in gewisser Hinsicht vielleicht vergleichbar mit der italienischen –, die dazu beigetragen hat, dass die Problematik des Einflusses der Mutter in Budapest viel Interesse gefunden hat. Die Liste der Analytiker der Budapester Schule, die sich für Kinder, Mütter, Prägenitalität und direkte Kindesbeobachtung interessierten, ist lang. Eine ganze Reihe von Analytikern wie Alice und Michael Balint, Géza Róheim und andere haben nicht vergessen, hinter den ödipalen Erscheinungen freudscher Observanz nach früheren Erlebnissen zu suchen, wo auch eine Mutter lauert. Die Mama der New Yorker Witze, die stolz auf ihren Sohn ist, weil er teures Geld dafür bezahlt, um vier, fünf Mal in der Woche über seine *Mama* reden zu können, ist diejenige, die bei Klein zuerst erscheint.

Von den Pionieren der direkten Säuglingsbeobachtung soll nur an René A. Spitz und Margaret Mahler erinnert werden; bei den Erforschern der prä-ödipalen Entwicklung waren Alice und Michael Balint und Sándor Radó in vorderster Reihe. Das Thema früher Traumatisierungen hat sich kürzlich zum Studium der »Lost Childhood« (verlorener Kindheit) entwickelt (Székacs/Ward 2004), sowie zur Untersuchung von Waisenkindern, die zum Teil auch weise Erwachsene werden, wie das von mir beschrieben worden ist (Haynal 1978, 1989). Ein spätes literarisches Zeugnis, ein Abglanz und Schimmer dieser Sensibilität, ist die ergreifende autobiografische Beschreibung des Nobelpreisträgers Imre Kertész seiner in der Adoleszenz erlittenen extremen Traumatisierung (Kertész 1975). Die Erforschung der depressiven Zustände (Radó, Bak, etc.) erfolgte als nächstes Kettenstück in diesem Zusammenhang. Von Ferenczi und Klein an wird auch der Analytiker schärfer ins Blickfeld gerückt, das heißt die Gegenübertragungsproblematik (Ferenczi, Balint, Therese Benedek etc.) stark in Betrachtung gezogen.

---

[3] Auch andere, wie Alice Balint, interessierten sich für Ethnopsychologie; sie hielt im November 1925 einen Vortrag über nordamerikanische Indianerhäuptlinge.

Emigration

Die politische Geschichte Ungarns, auf die kurz eingegangen werden wird, zwang – als ein Aspekt der beiden totalitären Regime in Ungarns Geschichte im 20. Jahrhundert – viele Intellektuelle und darunter viele Psychoanalytiker in die Emigration. Der Name Fonagy, Vater und Sohn, erster in Paris, zweiter in London, ist bekannt. Viele kommen dazu: Charlotte Balkányi, Lilla Vészy-Wagner, Edit Ludowyk-Gyömröi in London, Béla Grunberger und Georges Devereux in Paris etc. Andere, wie David Rapaport, sind später in den Vereinigten Staaten zu Ich-Psychologen geworden.

Leopold Szondi versuchte eine wahrscheinlich zu frühe Synthese zwischen Genetik und Psychoanalyse, die weder die Genforschung befriedigte, noch vom psychoanalytischen Establishment aufgenommen wurde. Anna Freud schrieb ihm nach Zürich, dass er eigentlich mehr ein Schicksalsanalytiker als ein Psychoanalytiker sein dürfte und er blieb von der organisierten Psychoanalyse ausgeschlossen. Er konnte in seiner lang hinausgezogenen Altersperiode in der Limmat-Stadt am Ufer des Zürichsees, über sein Schicksal nachdenken, darunter über seine Erfahrungen in Bergen-Belsen, wo er immerhin einen Humanistenbund gründete, der auf Gandhis Prinzipien und der Psychoanalyse basierte. Für unsere schwer gestörten Patienten schenkte er uns – als Analogon zum Blutspender – den schönen Ausdruck des »Seelenspenders«, wie er auch selbst einer war.

Die Liste ungarischer Analytiker, die ihre Ausbildung in Berlin genossen, ist beeindruckend. Das Ehepaar Balint war mit seinen Analysen Anfang der 1920er Jahre bei Hanns Sachs unzufrieden und kehrte 1924 nach Budapest zurück, um die Analysen bei Ferenczi fortzusetzen. Vielleicht haben Spannungen zwischen den beiden analytischen Schulen auch in solchen emotionellen subjektiven Faktoren ihre Wurzeln – sowie auch in den Persönlichkeitsunterschieden zwischen Abraham und Ferenczi, den Führern und Gurus der beiden Schulen. 1939 emigrierten die Balints ein zweites Mal, diesmal nach England, und da Jones Schüler seines früheren Analytikers, Ferenczi, so wenig wie möglich in London haben wollte, ließen sie sich in Manchester nieder. Später, nach dem Zweiten Weltkrieg, kam Balint – vielleicht auch unter dem Einfluss seiner früheren Jahre in Berlin häufig aus London nach Deutschland zurück, um beim Wiederaufbau der dortigen psychoanalytischen Kultur mitzuhelfen.

In Budapest hingegen setzte sich während der 1930er Jahre der Niedergang fort. Die zweiwöchentlichen wissenschaftlichen Sitzungen fanden, bereits Jahre vor dem Ausbruch des Zweiten Weltkriegs, unter polizeilicher Aufsicht statt.[4]

Im Schatten (der Geschichte)

Die historische Entwicklung, die durch die tragische nachhabsburgische Geschichte gezeichnet ist, beginnt nach einer kurzen kommunistischen Nachkriegsperiode, der »Räterepublik« von Béla Kun, mit der Zeit, in welcher der »Weiße Terror« Ungarn überrollte (1919-1920). Die Zahl der Opfer wird auf 5.000 geschätzt, darunter etwa 3.000 Juden. Imre Hermann und Michael Balint waren Verfolgungen ausgesetzt, Ferenczi erlitt Vergeltungsmaßnahmen, insbesondere den Ausschluss aus dem Budapester Ärzteberufsverband. Diese Situation führte zum ersten Massenexodus der intellektuellen Schichten aus Budapest, die mitsamt ihrer Kultur vom Admiral als »Sündenstadt« abgestempelt wurde. Die Emigration führte oft in die damals intellektuell aufregendste Stadt: Berlin. So kamen ab 1920 nebst vielen anderen auch Franz Alexander, später in Chicago, und Sándor Radó, später in New York, hierher; Therese Benedek ging nach Leipzig, später nach Chicago. Franz Alexander wurde später zu einem der Väter der Kurzpsychotherapien, der psychosomatischen Medizin und der Theorie der korrektiven emotionellen Erfahrung – alles Interessen, die wir auch bei Balint und anderen Ferenczi-Schülern wiederfinden.

Nach dem »Weißen Terror« unter Horthy im Jahr 1920 und einer kurzen liberaleren Periode (verknüpft mit dem Namen Bethlen) brach in den 1930er Jahren eine neuerliche Welle des Faschismus über Ungarn hinein.

---

[4]   Um dieser behördlichen Kontrolle zu entgehen, wurde ein Teil der Veranstaltungen in die privaten Praxisräume der Mitglieder verlegt. Man wählte auch mit Vorliebe nichtklinische Forschungsobjekte, zum Teil hervorragende Präsentationen, so unter anderem die Entwicklung der Sprache (Hollós), die Psychoanalyse mathematischer Probleme (Hermann) oder die Psychoanalyse der Musik (Pfeifer), um Indiskretionen zu verhindern – eigentlich mit intellektuellem Gewinn.

Nachdem schon seit dem Weißen Terror verschiedene restriktive Maßnahmen gegen Juden in Kraft waren, führte Gömbös 1938 das so genannte »Zweite antijüdische Gesetz« ein, dem im nächsten Jahr ein »Drittes Gesetz« folgte.

Die Wiederaufrichtung des Faschismus in Ungarn erreichte ihren Höhepunkt mit der deutschen Besetzung am 19. März 1944. Im Allgemeinen schätzt man heute, dass mindestens zwei Drittel der etwa 800.000 Juden in Ungarn (das heißt um die 550.000) Opfer des Nationalsozialismus wurden. Die Ungarische Psychoanalytische Vereinigung beklagte den Verlust von sechs ihrer 26 Mitglieder und zwei ihrer elf Kandidaten (Nemes 1985).

Als sich 1944 durch den Vormarsch der sowjetischen Armee der Ring um Budapest schloss, konnten die Deportationen der Juden nicht mehr weitergeführt werden. Die Pfeilkreuzler trieben nun die jüdischen Einwohner aus den mit dem gelben Stern gekennzeichneten und sogar unter dem Schutz der ausländischen Botschaften stehenden Häusern zusammen und erschossen sie nachts am unteren Donaukai. Auch Hollós und/oder seine Frau hätten hier den Tod gefunden, wäre nicht, wie durch ein Wunder, die Aktion aus unbekannten Gründen – nach gewissen Quellen aufgrund eines Einschreitens von Wallenberg – unterbrochen worden. Von »ca. 200 barfüßigen und halbnackten Personen wurden etwa 60 bereits in die Donau getrieben«. Hollós berichtete aus eigenem Erleben über seine unmittelbare Reaktion auf die traumatische Situation:

Alles, was da geschah – wir mussten die letzten Kleidungsstücke im Hause der Pfeilkreuzler zurücklassen, uns in der Nähe des Stromes aufhalten, warten, bis man mit unseren Vorgängern fertig wurde. Es waren klare unzweideutige Zeichen dessen, was uns bevorstand. Und trotz all diesem kam es mir nicht zum Bewusstsein, dass da etwas mit mir und meiner Frau geschehen wird. Es musste eine bedeutende Ich-Veränderung in mir vorgehen, wodurch die gewisse höchste Gefahr ihr Gewicht verlor. […] Unser Urteil war infolge der Ich-Veränderung so sehr verfälscht, dass wir diesen Henkern Glauben schenkten. Sie hielten uns nämlich vor, dass sie uns ins Getto bringen würden. […] es dauerte eine Sekunde und es dauerte ewig. In diesem plötzlichen Sturze meines Ichs war ich auf einmal betäubt und hellseherisch, traf eine jähe, aber fundamentale Abrechnung mit meinem Leben. (Hollós, Brief an Paul Federn vom 17.2.1946)

Es waren unglaubliche Zeiten, mit unglaublichen Geschehnissen und unglaublichen Gesten. Wie die Geschichte der Budapester Psychoanalytikerin Ilona Felszeghy, die auf einer provisorischen Pontonbrücke über die zugefrorene Donau nach Buda ging, um das Tagebuch Ferenczis aus den Ruinen zu retten, und es fertig brachte, es in den Westen zu schicken. Im kulturellen Milieu dieser Stadt schätzten manche kulturelle Werte so hoch, dass sie ihr eigenes Leben einsetzten, um sie zu retten – im selben Budapest, das vom Konteradmiral vutéz nagybànyai Horthy Miklós, wie er sich der Kürze halber nennen ließ, abschätzig als »Sündenstadt« diffamiert wurde.

Eine neue Welle schwieriger Zeiten

Nach dem Krieg gab es sowohl ökonomisch als auch politisch eine (kurze) Verschnaufpause. Die Leute atmeten auf, das Leben begann, »normal« zu werden, so auch dasjenige der Psychoanalyse.

Nach der Machtübernahme durch die Kommunisten 1948-1949 und unter dem Einfluss des Stalinismus und der repressiven Kulturpolitik Schdanows mussten die Analytiker – zumindest jene, die sich dafür hergaben – zuerst die Psychoanalyse als »bürgerliche Ideologie« verdammen und ihr schließlich in den entstehenden Volksdemokratien ganz abschwören. Dies war auch in anderen Ländern der Fall, zum Beispiel in Frankreich, wo solche Stellungsnahmen auch von Analytikern wie S. Lebovici, E. Kestemberg, J. Kestemberg abgegeben wurden (Bonnafé et al. 1949). Heute erinnert man sich nicht mehr gerne daran…

Während dieser Kampagne gegen die analytische »Ideologie« beschloss die analytische Vereinigung in Ungarn, sich selbst aufzulösen. Imre Hermann, der sich in den Kriegsjahren immer mehr der illegalen Kommunistischen Partei angenähert hatte, und auch andere wollten vielleicht einer möglichen Konfrontation mit den neuen Machthabern ausweichen. Hermann, vormaliger Vorsitzender, und Lilly Hajdú, in Verantwortung der Gesellschaft als Präsidentin, waren für die freiwillige Auflösung. Sie teilten die Ansicht jener, die der Meinung waren, in dieser neuen Ära sei es gefährlich, eine eigenständige Vereinigung mit engen Verbindungen zum Westen zu haben. Diese Selbstverleugnung, ja Selbstkasteiung, ging unter heute noch immer nicht ganz geklärten Umständen vor sich. Wie weit es sich dabei um vorauseilenden Gehorsam handelte, können wir nicht wissen. Auf alle Fälle wurden etwa einen Monat später alle anderen nicht-kommunistischen Gesellschaften und Organisationen aufgelöst – von den Pfadfindern bis zu den Schachvereinen. Die Eile der Psychoanalytiker war überflüssig.

Die allgemeine Atmosphäre war alles andere als vertrauenserweckend. Der nicht unbefangene Schriftsteller Gyula Illyés – dessen Frau eine nahe Beziehung mit dem (inzwischen verstorbenen) kommunistischen, pro-analytischen Dichter Attila Jozsef gehabt hatte – schrieb eine ätzende Satire gegen die Psychoanalyse, die in einem wichtigen Theater im Stadtzentrum aufgeführt wurde. Möglicherweise auch eine persönlich motivierte Abrechnung.

Ein Mitglied der aus dem ungarischen Kleinadel hervorgegangenen Intelligenzia war György Paloczi Horvath, ein außergewöhnlicher, kultivierter und belesener Mann, der während des Zweiten Weltkriegs wichtige Arbeit für die Alliierten, vor allem deren Geheimdienst, leistete. Nach einem längeren Aufenthalt in London kehrte er 1946 oder 1947 nach Ungarn zurück, um dort zwangsweise eine stalinistische Verurteilung der Psychoanalyse schreiben zu müssen.

Die wahrhaftig erschütternde Geschichte des ungarischen Kulturlebens ist mit einer tieferen und noch tragischeren Geschichte der Psychoanalyse verbunden. Nicht nur für Georg Lukács, den weit bewunderten geistig-olympischen Philosophen, war die Psychoanalyse in der Nähe des reaktionären deutschen Idealismus zu verorten und sollte liquidiert werden. Der Bankierssohn und vielfach, vor allem in Frankreich, hoch geschätzte marxistisch-leninistische Philosoph Georg (György) Lukács hat zur Atmosphäre der ideologischen Verurteilungen beigetragen. Sein persönliches Drama bestand darin, dass er mehr marxistisch als leninistisch sein wollte. In seinem Aufbegehren gegenüber seinem »kapitalistischen« Vater hat er diesen aber für ein anderes, viel grausameres Väterchen, Jossip Wissarionowitsch Dzschugaschwilli, alias Stalin, eingetauscht. Demzufolge musste er sich in seinem Leben mehrmals verleugnen, ob in der Wiener oder Berliner Emigration, in der Sowjetunion oder in der »Volksdemokratie«, seiner Heimat. Immer wieder musste er seinen so genannten »Irrtümern«, wie er damals sagen musste, abschwören und »Selbstkritik« üben, was nichts anderes als ein Selbstbespuckungsritual war. Darin hat er allerdings ausgiebig Übung gehabt. Er hat sich seinem grausamen Vaterersatz mehrmals zum Kastriertwerden angeboten. So, als er nach der revolutionären Imre Nagy-Regierung, in der er als Kulturminister gewirkt hatte, und nach einer kurzen Deportation in Rumänien, im Gegensatz zu Nagy (1958), nicht gehängt worden war, wieder einmal knapp »davon gekommen«, um in seiner gutbürgerlichen Wohnung mit Donaublick über die dem Marxismus-Leninismus zu verdankende fröhliche Zukunft meditieren und dozieren zu können – derselbe G. Lukács, der 1919 die Ernennung Ferenczis zum Professorat der Psychoanalyse unterzeichnet hatte, schrieb jetzt, dass die Psychoanalyse 1948 nicht mehr zu tolerieren sei. Die psychoanalytische Gesellschaft wurde also aufgelöst und einige Psychoanalytiker verhaftet. Warum gerade die Psychoanalyse so blindwütig bekämpft wurde, dürfte mehrere Gründe gehabt haben: Erstens sollte alles, was mit der *Psyche* und dem menschlichen Verhalten zu tun hatte, nur ideologisch verstanden werden – wobei sich Pawlowismus und Klassenkampfideologie die Hände reichen sollten. Zweitens wurde die Psychoanalyse (ähnlich wie die Religion) als gefährlicher ideologischer Rivale empfunden und als »bürgerlich-dekadent« verunglimpft. Drittens wurden die Untersuchungen über soziale Phänomene und Einstellungsprobleme, zum Beispiel über die Wurzeln des Antisemitismus, wie im Nachkriegsbuch von Imre Hermann, als entschieden antimarxistisch, und daher automatisch als »unwissenschaftlich« abgelehnt. Viertens wurden diejenigen, die sich mit Holocaustkindern beschäftigten und dadurch mit den Zionisten in Verbindung kamen, als Verräter angesehen, da sie mit einer feindlichen ausländischen Bewegung konspirierten, was zu längeren Haftstrafen führte, wie zum Beispiel bei Székàcs-Schönberger oder bei András Jószef (1953).[5] András József wurde nach jahrelanger Haft als menschliches Wrack entlassen und wollte danach nie darüber sprechen, was er im Gefängnis durchgemacht hatte. Kurze Zeit darauf starb er. Schönberger versuchte bereits 1947 in einer ausführlichen Studie, Beziehungen zwischen den Werken Freuds und Pawlows herauszuarbeiten. Das half natürlich nichts, und bald wurden die Werke Freuds und anderer eingestampft.

Es gab sogar zwei stekelianische Analytiker – die früher von der Ungarischen Vereinigung als Kandidaten abgelehnt wurden –, über die man erfahren musste, dass sie mit der Geheimpolizei, auch in Fragen der Folter

---

[5] Mészaros 2010.

politischer Gefangenen, »zusammengearbeitet« hatten (Mészaros 2010; Ta-bajdi/Ungváry 2008). Ich glaube, dass uns dies auch Bescheidenheit lehren sollte – und ich glaube nicht, dass so etwas nur in Ungarn passieren konnte. Das hat auch mit dem Balkan, der gemäß Fürst Metternich bereits im drit-ten Wiener Gemeindebezirk beginnen soll, nicht viel zu tun. Sondern leider mit dem gebrechlichen Menschsein, die Heiligen sind schließlich nur sehr seltene Erscheinungen, sogar unter Analytikern... falls überhaupt.

Männliche Analytiker, wie Hermann, Rajka und andere, nahmen Anstel-lungen in Bezirksambulatorien an, um nicht als arbeitsscheue Elemente zu gelten. Ehefrauen, mit dem gesicherten Einkommen ihrer Ehegatten, konn-ten einige Analysen, vor allem Kinderanalysen, weiterführen (Mészaros 2010). So Lucy Liebermann, eine frühere Balint-Schülerin, die unter dem Schutz eines opportunistischen, angeblich kommunistischen Professors (der selbst in Wahrheit eher Surrealist denn Kommunist war) in einer der Universitätskinderkliniken als Psychologin arbeiten konnte. Mit der Zeit konnten auch einige männliche Analytiker ihre Praxis wieder aufnehmen und aufgrund ihres Alters auch fallweise Lehranalysen durchführen, wie zum Beispiel Imre Hermann.

Die Geschichte der ungarischen Psychoanalyse wurde auch als Grusel-geschichte bezeichnet. Ein fürchterliches Drama, von Shakespeare'schen Dimensionen, ist das Schicksal der Familie Gimes. Lilly Hajdú-Gimes war im zuvor erwähnten »Gelben Haus« von 1953 bis 1956 Direktorin. Ihr Ehemann, Miklós Gimes sen., kam 1944 bei den Deportationen ums Leben. Lilly Hajdú schloss sich 1945, ihrem Sohn und ihrer Tochter fol-gend, begeistert der Kommunistischen Partei an. Als ihre Illusionen von den kommunistischen Idealen zerbrachen, verlor sie auch ihren Lebens-mut. Nach den Ereignissen von 1956 musste sie ihren Posten als Direktorin der Nervenheilanstalt aufgeben. Ihr Sohn, Miklós Gimes jun., kommunis-tischer Journalist nach dem Krieg und dann Mitstreiter auf Imre Nagys Seite, der der Reformkommunisten, wurde als einer der Angeklagten im Prozess von Imre Nagy im Rahmen der Abrechnungen für 1956 zum Tode verurteilt und 1958 hingerichtet. Ihrer Tochter und deren Familie (Schwie-gersohn und vier Enkelkinder) gelang die Flucht in die Schweiz, nach Zü-rich. Lilly Hajdú-Gimes, die zudem an einer schweren Gelenkskrankheit litt, wurde nicht erlaubt, zu ihrer Tochter und ihren Enkelkindern in die Schweiz auszureisen. Ihr Antrag wurde dreimal abgelehnt, das letzte Mal unwiderruflich. Ihrer letzten Hoffnung beraubt, wählte sie 1960 – krank und alleine geblieben – den Freitod (Schiess 1999).

Nach den »letzten« Emigrationen um 1948-49, dem Jahr der kommunistischen Machtergreifung[6], wurden die Zurückgebliebenen mit ihrer Trauer alleine gelassen. Der Sauerstoffzufuhr von außen beraubt, und von Kontakten jenseits des Eisernen Vorhangs praktisch abgeschnitten, waren sie ihren Ängsten und den Schrecken der Einsamkeit ausgeliefert.

In jener Zeit, zwischen 1948 und etwa 1980, fand die Psychoanalyse praktisch im Untergrund statt, was auch eine Komplizenschaft auf der Ebene moralischer Werte implizierte, was wiederum natürlich den Rahmen, in dem sich die Analyse abspielte, modifiziert und determiniert hatte. Kann man sich unter solchen Umständen den Luxus von Spielen à la Winnicott leisten? Die ungarische Psychoanalyse wurde eine ernste Angelegenheit, manchmal rigide, ein Beitrag zur Moral der Beteiligten.

Es entstand eine geschlossene Gruppe, eine unantastbare, patriarchalische Organisation rund um ein Elternpaar, das zu Recht hoch angesehen war. Nicht immer war das, was geschah, analysierbar – vielleicht, weil die ganze Situation nicht mehr von Wünschen, sondern von Bedürfnissen bestimmt war. Die spezifischen Bedingungen, unter denen praktiziert wurde, nötigten zu Kompromissen, weniger nur im politischen Sinn denn in Bezug auf die Strenge des analytischen Settings. In einer Situation, in der sich nicht nur die Psychoanalyse, sondern auch die Familien und ein Teil der Zivilgesellschaft nicht von einer fremden, feindseligen und als inakzeptabel empfundenen Ideologie vereinnahmen ließen, war eine gewisse Komplizenschaft unvermeidlich. Die Psychoanalyse war also Teil jener Zivilgesellschaft, die schlussendlich die Diktatur und den Totalitarismus unterminiert hat.

Imre Hermann ist eine der wichtigsten Figuren dieser Epoche. Er schrieb seine wichtigsten Arbeiten vor dem Zweiten Weltkrieg. In den 1950er und 1960er Jahren war sein Buch *Psychoanalyse als Methode* (im Westdeutschen Verlag zu jener Zeit wieder aufgelegt) eines der grundsätzlichen Lehrbücher.

Auch seine Theorie über die Rolle des *Anklammerungs-* und *Suchtriebes*

---

[6] Als zum Beispiel Endre (Andrew) Petö und eine ganze Gruppe von Psychoanalytikern sich nach Australien abgesetzt hatten.

anhand von Beobachtungen in der Tierwelt hat großen Einfluss ausgeübt und bereicherte die Freud'sche Trieblehre[7]. Diese Hermann'sche Anklammerungstheorie führte bei Bowlby, der darauf zurückgriff, zur heutigen *attachment*-Theorie. Die durch Hospitalismus entstandene *anaklitische Depression* bei René Spitz lässt sich auch im Zusammenhang von Hermanns Hypothesen verstehen.

Es ist auch interessant, dass die Kritik an Freuds Ansichten über die angeblich überwiegend passive Rolle der Frau bereits von Hermann vorweggenommen wurde.[8] Erwähnen möchte ich auch noch seine weiteren Beiträge zur »Psychologie des Denkens«, ein Interessensgebiet, das von vielen anderen Budapester Analytikern wie Révész oder Székely später geteilt wurde.

Da er sich mehr und mehr den illegalen Kommunisten annäherte, war sein Leben auch nach dem Krieg mit der Politik verflochten. Da einer seiner Patienten unter jenen war, die im Prozess gegen Rajk zum Tode verurteilt und hingerichtet wurden, befand er sich plötzlich in der Gefahrenzone. Man kann annehmen, dass, wenn dieser Analysand der Geheimpolizei gegenüber Hermanns Namen erwähnt hätte, dieser belästigt, einvernommen oder verhaftet worden wäre (was jedoch nicht der Fall war).

Hermann kann mit Recht als jemand angesehen werden, dem es zu verdanken ist, dass die *Kontinuität* analytischer Lehre und Forschung, trotz formeller Auflösung der Vereinigung, trotz ideologischer Angriffe, wirtschaftlicher Repressalien, ja trotz mitunter lebensbedrohender Situationen, aufrechterhalten wurde. Nach den Jahren des stillen Wirkens wie unter einer Schneedecke wurde Hermanns 80. Geburtstag 1969 im Rahmen einer feierlichen wissenschaftlichen Sitzung begangen, mit der schüchternen Hoffnung auf *einen neuen Anfang*.

Imre Hermann mag vielleicht zu lange gelebt haben (1889-1984) und dadurch im Kleinkram, in kleinlichen Kompromissen und in einer bitter empfundenen Isolation steckengeblieben sein. Beleidigt, seine Kontakte

---

[7] Die erste Notiz über diese Idee erschien bereits 1925 unter dem Titel »Erscheinungen der Handerotik im Säuglingsalter, ihr Ursprung (Anklammerung an die Mutter) und ihr Zusammenhang mit der Oralerotik« (*Magyar Orvos* 6: 214-216).

[8] Durch Beobachtungen an Primaten.

in der IPV verloren haben, hat er dies als Zurückweisung, wenn nicht gar als Ausstoßung, erlebt. Im Gegensatz zu den früh verstorbenen Figuren wie Ferenczi, an die sich alle nostalgisch erinnern, oder zu den im Ausland abgefallenen Söhnen und Töchtern wie Balint, die sich in der weiten Welt erfolgreich durchgeschlagen haben, scheint Hermanns Leben unerfüllt geblieben.

Atmosphärisches

Die Atmosphäre, die sich mehr und mehr im totalitären Regime breit machte, wies nicht die Bedingungen auf, die eine Psychoanalyse noch als etwas höchst Privates und Intimes möglich machen. Kann man angesichts der Bedrohungen noch die Wahrheit sagen? Die ganze Wahrheit? Ein Analysand, der 1948 in Budapest auf der Couch gelegen hatte, erzählte mir später:

> Ich habe die ganze Wahrheit gesagt. Ich wusste nicht, ob mein Analytiker ahnte, dass für die Psychoanalyse immer schlimmere Zeiten anbrechen würden. Auch ich, als Analysand, war bedroht. Ich habe mich gefragt: Wusste er das? Konnte ich mich auf ihn verlassen? Könnte er mich verraten? Bis zu dem Tag, an dem er tatsächlich verschwand. Wo ist er denn? Er emigrierte zunächst nach Australien, und dann in die Vereinigten Staaten. Und ich bin hiergeblieben. Er hat mich letztlich mitten in der Gefahr fallen gelassen, mein emigrierter Analytiker...

Und jetzt findet sich dieser Analysand in Genf vor mir wieder, um all das zu klären: die Kontinuität in der Übertragung, jenseits aller durch die Geschichte verursachten Diskontinuitäten und Verzerrungen. Aber eine Frage bleibt bestehen, die mir heute auch noch in den Ohren klingt: »Kann man unter solchen Bedingungen *alles sagen*?« Und mehr, gibt es nicht gewisse Grenzen, die ein durchschnittlicher Mensch nicht überschreiten kann, eine Art von *non possumus*?

Werden wir je verstehen, wie in solchen Systemen Persönlichkeiten, ja Führungskräfte, sich ermuntert fühlten, an Foltern teilzunehmen – perversen Foltern von unbeschreiblicher Grausamkeit, von denen ich Ihnen die Einzelheiten erspare? Wie kann bei den Opfern jener großen Politprozesse die Identifikation mit dem idealisierten Aggressor so weit gehen, dass man »alles« zugibt, selbst wenn es nie geschehen ist (vgl. Bonnard 1954)?

Das Phantasma des absolut Guten, des Utopistischen, der »leuchtenden Zukunft« existierte Hand in Hand mit dem Abscheulichsten und dem Sadistisch-Perversen. Die Opfer der stalinistischen Säuberungsprozesse haben mit ungebrochener Zuversicht bis zum letzten Moment ihres Lebens Stalin glorifiziert. Wie Rajk, ein Altkommunist, dem man versprochen haben soll, ein ruhiges Lebensende im sowjetischen Paradies verbringen zu können, vorausgesetzt, dass er alle seine nie verbrochenen Sünden eingesteht, und der im letzten Moment »Verrat« geschrien haben soll. Das könnte von Shakespeare sein. Aber wenn ich an die Königsdramen Shakespeares denke, rede ich eigentlich bereits über eine Konstante der menschlichen Geschichte und Psychologie. Diese Götter, die keine waren, haben eine ganze Literatur inspiriert – romanhaft wie bei Arthur Koestler, dem weltwandernden Budapester, beschreibend wie bei André Gide, Malraux oder Ignazio Silone, oder berichtend wie bei Anna Larina Boukharina.

Die schreckliche Schuld und ihre Variante die Schuld der Überlebenden, wie in der Geschichte jener heute alten Frau, die sich, kurz bevor ihre Eltern deportiert wurden, von der Familie abgesetzt hatte, und ihr ganzes weiteres Leben unter der Last dieser erdrückenden Schuld des Überlebens, des Wagnisses, verbrachte und unter anderem in einem verzweifelten Therapieversuch bei mir beklagte.

Der Tod, den Arthur Koestler, Primo Levi und Bruno Bettelheim gewählt haben, enthüllt nicht das Geheimnis, das sie mit ins Grab genommen haben: nämlich, ob die Sublimierung dieser Traumen an oder jenseits der Grenze dessen liegt, was Menschen überhaupt ertragen können, oder ob es nicht doch wir selbst sind, die einen solchen Zusammenhang zwischen dem Ende eines Lebens und seinen nicht bewältigbaren Erinnerungen herstellen. Ist es nur eine Illusion, dass man je mit ihnen zurecht kommen könnte?

Eine der besten Darstellungen dieser Doppelwelt, in der »business as usual« und das Anormale nebeneinander existieren, finden wir in einem Bühnenstück (»Mutters Courage«) des 2007 in Berlin verstorbenen George Tabori. Es zeigt, wie eine Frau auf der Straße aufgegriffen und dann an die ungarisch-polnische Grenze deportiert wird, dann wie durch ein Wunder ihren Verfolgern entkommt, um schließlich verspätet zur Bridge-Partie ihrer Schwester zu kommen und sich deren heftige Worte wegen der Verspätung anhören muss.

Noch ein Wort zu Analysen mit Personen, die verfolgt worden waren – oft zwei Mal, zuerst vom braunen, und dann vom roten Regime. Ausgeliefert sein... Wissen Sie, was das bedeutet? Wenn wer um fünf Uhr morgens an der Türe läutet, und zwar nicht der Milchmann, sondern ganz sicher die Polizei... Da ist nicht nur die Unsicherheit, das Gefühl, dass eine Verhaftung, Folter, der Bruch mit einem ganzen Leben *immer* möglich sind, schlicht und einfach deswegen, weil Sie Jude sind, oder ein Bourgeois, oder keines von beiden, aber »Judenfreund« oder »durch die bürgerliche Ideologie beeinflusst«. Oder nicht einmal das, es reicht, einfach in braunen Zeiten ein »Linker« zu sein, oder in roten Zeiten ein »Trotzkist«, »Anarcho-Syndikalist«, »Klerikalo-Faschist« oder ähnliches. Die Möglichkeit der Folter, die Möglichkeit erwischt zu werden, ist ständig in Ihrem Kopf präsent. Sich nie der Kontinuität seiner Existenz sicher sein zu können. Welche *Hilflosigkeit* (vgl. Freud 1950c [1895], 411)!

Witz

Wie kann man in all dem überleben? Eine schwierige und komplexe Frage. Ein kollektiver Abwehrmechanismus entstand in Humor und Witz. Der Witz als Teil der großstädtischen Folklore, ob in Budapest oder in Berlin, demonstrierte Solidarität und Verbundenheit. Dies haben die Machthaber auch richtig verstanden, sodass ein Mensch für einen einzigen Witz in den Kerker geworfen werden konnte.

Allerdings kaum für den folgenden: Ein Ungar flucht wie ein Kutscher und verflucht alles Schlimme und die schändliche Politik, die er für seine schwierige Situation verantwortlich macht. Ein Geheimpolizist gütig: »Ich könnte Sie verhaften...« Der Mann: »Wieso? Darf ich nicht auf Präsident Eisenhower schimpfen? Oder dachten *Sie* an jemand anderen?«

Man musste sich an die Verklausulierungen und an die Zweideutigkeit gewöhnen und sie nutzen. Die Psychoanalyse hat sich seit ihren Anfängen, mit der Macht des Witzes, insbesondere des Witzes der unterdrückten jüdischen Minderheit in der Stadt Luegers (Wien), auseinandergesetzt. Die Lügenatmosphäre wird durch den Witz bekämpft, der so zum *Kampfgenossen* der Psychoanalyse wird.

Da nach offizieller Doktrin das Lebensniveau in den totalitären Länder ständig stieg, im Gegensatz zu dem in den verabscheuungswürdigen kapitalistischen Staaten, sagt einer auf Befragung hin, im Laufe eines schönen Frühlings: »Mein Lebensniveau ist um 50 Prozent gestiegen. – Wieso? – Im Winter habe ich gehungert *und* gefroren, jetzt friere ich nicht mehr.«

Vielleicht spielt auch die weniger autoritätshörige, man könnte sagen undisziplinierte, Wesensart der Ungarn eine Rolle, und die Tradition, das fünfzehnsprachige Habsburger-Reich überlebt zu haben, mit dem Gefühl, dass ein gewisser Widerstand immer wieder gut tut und nützlich sein kann. Noch im 19. Jahrhundert gegen die Germanisierung aufbegehrend nach Wien lateinische Amtsantworten zu schicken, ist unerhört, aber war offenbar effizient.[9]

Diese Schulung im Widerstand dürfte, neben anderen historischen Erfahrungen, die ungarische Wesensart geprägt und dazu beigetragen haben, dass man vielleicht in Ungarn im Gulasch-Kommunismus doch ein ganz klein wenig besser überlebt hat als in vergleichbaren sowjetisch besetzten Ländern, wie zum Beispiel der DDR oder der Tschechoslowakei. Es mag sein, dass die psychoanalytische Tradition in Ungarn auch etwas stärker verankert war und bis etwa 1948 kontinuierlich aufrechterhalten werden konnte. In den Jahrzehnten, in denen der Kreml sich anschickte, das Paradies auf Erden zu schaffen, sogar in Ungarn, wo Ende der 1940er Jahre etwa zehn Prozent der Bevölkerung für ihn gestimmt haben, traf dies auch zu.

Der Witz verleiht der nicht offen aussprechbaren Kritik Worte und ist ein Ventil, das eine Erleichterung erlaubt. Bereits bei Freud finden wir ihn als Paradigma der Zensurüberwindung, sodass er, wie gesagt, ein guter alter Weggefährte der Psychoanalyse ist.

Zwischen 1920 und 1933 gab es in Berlin vergleichbare Reaktionen zu denjenigen später in Budapest. Eine Persiflage der Zschdanowistischen

---

[9]   In Wiener Archiven finden sich deutschsprachige Dokumente mit der lateinischen Aufschrift: »Germanice sunt non leguntur«. Die Ungarn wollten während der absolutistischen Zeit nach 1849 (Bach-Epoche) keine offiziellen Schriften auf Deutsch erhalten und schickten sie mit diesem (küchen-)lateinischen Zusatz zurück. Auch ein Beispiel für den Sturschädel der Ungarn in ihrem Widerstand, der sich hier gegen die Germanisierung und gegen den Wiener Zentralismus richtete.

sozialistischen Lyrik in einer ungarischsprachigen BBC-Sendung dieser Epoche ging etwa so:

Flüster in meinen Ohren: Stalin!
Flüster in meinen Ohren: Sowjet Union
oder:
Sprechen wir über den Klassenkampf
In einer schönen Sommernacht.

Das mag heute unglaublich blöd klingen, aber das war der Stil, in dem man versuchte – und was man nicht alles tut, um eine Lüge aufzuoktroyieren –, das Land umzuerziehen. Der ungarischstämmige Humorist Ephraïm Kishon (1993) erzählte, dass er auf Einladung beim Erziehungsminister vorsprechen musste und von diesem »äußert wohlwollend« empfangen wurde: Der Minister »sparte nicht mit Lob und äußerte den Wunsch, ich möge das erste Musical in sozialistischem Geist verfassen. Vorsichtig erkundigte ich mich, ob Genosse Minister bereits ein Thema ins Auge gefasst hätte. Er antwortete: ›Schreiben Sie doch einfach ein Musical über die Führungsrolle des industriellen Proletariats.‹ Ich sagte: ›Genosse Révai‹, so hieß er, ›ich werde mich unverzüglich dieser hohen Aufgabe zuwenden. Freiheit!‹[10] und flüchtete aus seinem Büro, wild entschlossen, den Gruß endlich ernst zu nehmen« (Kishon 1993, 172). Kishon beschloss sofort, auch aus dem Land zu flüchten. So und durch ähnliche Situationen wurde, dank Stalin, die westliche Kultur um gute ungarische Humoristen wie George Mikes oder Ephraïm Kishon bereichert.

Historiker von Tatsachen behaupten oft, dass der Kommunismus »keinen Dissens« oder »keine freie Meinungsäußerung« zuließ. Der Historiker von Witzen weiß, dass dies nicht stimmt. Die inoffiziellen Witze zeigen, dass die freie Meinungsäußerung nie gänzlich unterdrückt werden kann; und die offiziellen Witze zeigen, dass gewisse Arten von Kritik möglich waren. (Lewis 2008, 82)

Es gibt auch gute Witze, die *das Leben* schreibt, die die blühendste Phantasie übertreffen. Lassen Sie mich eine Anekdote erzählen, in Erinnerung an den langjährigen Präsidenten der Wiener Psychoanalytischen Vereinigung und großzügigen Mentor der ungarischen Psychoanalytiker hinter dem Eiserner Vorhang, meinen Kollegen Harald Leupold-Löwenthal. Er

---

[10] Der Kommunistische Gruß dieser Epoche in Ungarn.

hat mir erzählt, dass er jedes Mal, wenn er zur Zeit des liberaleren späten Kádár-Regimes in Budapest ankam, von einem Geheimpolizisten begleitet wurde. Einmal regnete es und es stand kein Taxi am Flughafen. Da wandte Harald sich zum Geheimpolizisten und sagte: »Da wir ohnehin denselben Weg haben, könnten Sie mich vielleicht mitnehmen?« Später im Wagen meinte dann der Polizist: »Herr Doktor, könnten Sie mir sagen, wann Sie in der Früh aufstehen werden – dann müsste ich mich nicht zu früh bemühen, ins Hotel zu kommen.« Ich hoffe, es ist eine wahre Geschichte; in jedem Fall: »*si non è vero è ben trovato*«.

Humor, Witz und die dadurch entstandene Komplizenschaft haben auch zu dem beigetragen, was ich den »Rokoko-Heroismus« genannt habe. Man kümmert sich nicht um die Machthaber, so wie man Mücken und Fliegen einfach versucht wegzuscheuchen, und diskutiert in den Salons über Geist und Moral; das Rokoko-Lächeln: »quasi tristes sous leur déguisement fantasque«, wie der Dichter sagt, das heißt, traurig hinter der fantastischen Verkleidung. So auch bei Rilke:

Woher dein Recht, in jeglichem Kostüme,
In jeder Maske wahr zu sein? – Ich rühme.

Witze erleichtern, aber die Welt verändern können sie offenbar nicht. Die zwei aufeinanderfolgenden totalitären Regime, mit einer Revolution 1956 dazwischen, haben bleibende Schäden angerichtet: vernichtete Menschenleben, erzwungene Emigration, zerstörte kulturelle Werte etc. Die magyarisch-jüdische Symbiose (Fejtö 1997; Fischer 1988), die in der Budapester Kultur eine so wichtige Rolle spielte, zerfiel. Der Traum einer multikulturellen Gesellschaft, ein nichtnationalistisches Imperium der Habsburger in Mitteleuropa fand ein jämmerliches Ende. Zunächst hat sich der Adel, die »gentry« genannte Schicht Ungarns, unter Duldung der armen Bevölkerung der noch feudalistischen Landwirtschaft mit den konservativen Kräften der Armee und der Kirche verbündet, und sich gegen eine westliche, demokratisch orientierte, mehr europäische Kultur gewandt, die er nicht nur abgelehnt, sondern auch bekämpft hat. Der letzte Akt dieser »Bekämpfung« spielte sich am Donauufer in der bereits erwähnten Szene im Winter 1944/45 ab, in den schändlichen Hinrichtungen, bei denen auch die Familie Hollós fast umgekommen wäre. Die zwei Strömungen in der Rechten, die mit dem Nationalsozialismus verbündeten »*Nyilas*«-Mörder und die teils konservative, teils liberale klassisch-parlamentarische Rechte, standen ihrerseits auch der liberal-urbanen Kultur und andererseits der immer mehr radikalisierten und bis zu den Kommunisten reichenden extremen Linken gegenüber. Die stalinistische Linke nach 1945 rekrutierte sich zum Teil aus Menschen mit berechtigten alten Ressentiments, voller Groll und Unzufriedenheit. Die extremen Rechten, die diese Einstellungen erregt hatten, wurden von Braunen zu Roten. Dazu kamen auch verängstigte Menschen, die hofften, dass die Kommunisten tatsächlich die Türen zu einer neuen, gerechteren Welt und zu größerer persönlicher Sicherheit öffneten.

In den Franz Joseph- und Horthy-Jahren stand die Psychoanalyse auf der Seite eines urbanen Liberalismus, zum Teil auch des sozialen Utopismus (Edit Gyömröi, die psychoanalytische Dichterin und Analytikerin des berühmten ungarischen Dichters Attila Jozsef; auch Lajos Székely, der in den 1930er Jahren sogar in die Sowjetunion ausgewandert ist, und enttäuscht sowie erschrocken gerade noch rechtzeitig vor dem Höhepunkt der stalinistischen Säuberungen über Finnland nach Schweden entkommen konnte). Wenn die Psychoanalyse mehrheitlich von einem goetheschen und aufklärerischen bürgerlichen Optimismus geprägt war, so hat sie von Anfang an – denken wir an Reich, Fenichel, Jacobson – immer auch mit den radikalen Neo-Utopismen des 20. Jahrhunderts geliebäugelt.

...und zum Schluss

Die Wiedergeburt der Psychoanalyse in Ungarn konnte erst Mitte der 1960er Jahre oder etwas später einsetzen. Sie musste dann feststellen, dass sie den großen Teil des Einflusses, den sie früher (1910-1935) gehabt hatte, eingebüßt hat.

Ungarn scheint sich seiner Vergangenheit und seinen vergangenen Verantwortungen bis heute nicht genügend gestellt zu haben. Im Gegensatz zu dem, was in Deutschland nach dem Zweiten Weltkrieg passiert ist, steht zu befürchten, dass mit den Horthy-Verehrern und Post-Kommunisten kein klarer Blick auf die Vergangenheit geworfen werden kann. Man könnte auch sagen, dass sich leider die beiden historischen Bruderländer, Österreich und Ungarn, in Mythen geflüchtet haben. Oder tendieren alle Gesellschaften dazu? Der ungarische Mythos heißt: Es waren *nicht die Ungarn,*

sondern es waren die – je nach ideologischem Blickwinkel unterschiedlichen – »anderen«, die das Land schwer kompromittiert und unmenschlich
gemacht, sowie die Sicherheit und das Leben seiner Bürger fatal in Gefahr
gebracht haben. Die Psychoanalyse oder besonnene Humanwissenschaften
konnten in einer solchen Atmosphäre nicht gedeihen. Ein großer ungarischer Schriftsteller des 19. Jahrhunderts, Imre Madàch, meinte in seinem
Werk *Die Tragödie des Menschen*, man solle die Hoffnung *nie* aufgeben
(»*bizva bizzál*«). Die Psychoanalyse meint, dass zur Realisierung dieser
Hoffnung daran gearbeitet werden muss. Geschichte muss *durchgearbeitet
werden*, worauf in Deutschland auch von Psychoanalytikern dezidiert ver-
wiesen worden ist. Hoffentlich wird die Botschaft auch in Ungarn gehört.

Zunächst aber freuen wir uns, dass in allen diesen Ländern, in Ostdeutschland, in Tschechien und in Ungarn, die Psychoanalyse überlebt hat
und ihre Funktionen wieder ausüben kann, sei es Sozialkritik, Aufklärung
oder natürlich die therapeutische Arbeit im engeren Sinn beziehungsweise
in ihren Anwendungen. Seien wir auch froh, dass dies einen Aspekt einer
historischen Entwicklung darstellt, in welcher nach schweren Zeiten doch
wieder Gedanken- und Redefreiheit existiert und eine breite Spanne der
Reflexionsmöglichkeiten wieder einen zivilisierten Gedankenaustausch
ermöglicht.

In *Die Nacht. Erinnerung und Zeugnis* (1989) konnte Elie Wiesel schreiben:

– Wie kannst Du gleichzeitig in der Vergangenheit und in der Gegenwart le-
ben?
– Ich schließe die Augen.
– Um nicht zu sehen?
– Um besser zu sehen.

Nicht alles ist befriedigend, aber wir dürfen mit Freud hoffen: »Die Stimme des Intellekts ist leise, aber sie ruht nicht, ehe sie sich Gehör geschafft
hat.« (Freud 1927c, 377)

Literatur

Bertin, Célia (1982): *Marie Bonaparte*. Paris: Perrin/Plon.

Bonnafé, L.; Follin, S.; Kestemberg, J.; Kestemberg, E.; Lebovici, S.; Le Guilland, L.; Monnerot, E.; Shentoub, S. (1949): »La psychanalyse, idéologie réactionnaire«. In: *La Nouvelle Critique*, Nr. 7: 57-72.

Bonnard, Augusta (1954): »The Metapsychology of the Russian Trials Confessions«. In: *Int. J. Psycho-Anal.*, 35: 208-213. Dtsch.: »Die Metapsychologie des Geständnisses in den russischen Prozessen«. In: *Psyche* 9: 230-239.

Fejtö, François (1997) : *Hongrois et Juifs*. Paris: Balland.

Fischer, R. (1988): *Entwicklungsstufen des Antisemitismus in Ungarn 1867-1939. Die Zerstörung des magyarisch-jüdischen Symbiose*. München: R. Oldenbourg.

Freud, Sigmund (1927c): *Die Zukunft einer Illusion*, GW 14: 325-380.

Freud, Sigmund (1933c): *Gedenkworte*, GW 19: 201-304.

Freud, Sigmund (1950c [1895]): *Entwurf einer Psychologie*, GW Nachtragsband: 387-477.

Grosskurth, Phyllis (1986): *Melanie Klein. Her World and her Work*.

Harmat, Paul (1988): *Freud, Ferenczi und die ungarische Psychoanalyse*. Tübingen: edition diskord.

Haynal, André (1978): »Discours psychanalytique sur le manque. A propos des orphelins«. In: Rentchnick, P.; Haynal, A.; de Senarclens, P.: *Les orphelins mènent-ils le monde?* Paris, Stock: 231-296.

Haynal, André (1989): »Psychoanalytic discourse on orphans and deprivation«. In: Eisenstadt, M.; Haynal, A.; Rentchnick, P.; de Senarclens, P.: *Parental loss and achievement*. Madison, CT: International Universities Press: 135-190.

Haynal, André (1992): »La psychanalyse hongroise sous des régimes totalitaires«. In: *Rev. Int. Hist. Psychanal.*, 5: 541-552.

Haynal, André (2002): *Disappearing and Reviving. Sándor Ferenczi in the History of Psychoanalysis*. London, Karnac.

Haynal, André; Rentchnick, Pierre; de Senarclens, Pierre (1989): *Parental loss and achievement*. Madison, CT: International Universities Press.

Hollós, Istvan [Stephan] (1999): »Brief an Paul Federn vom 17.2.1946«. In: *Luzifer-Amor* 12 (23): 18-19.

Kertész, Imre (1975): *Roman eines Schicksallosen*. Tübingen: Rowohlt.

Kishon, Ephraïm (1993). *Nichts zu lachen*. München: Langen Müller: 18.

Koestler, Arthur (1952): *Arrow in the Blue*. Autobiography. New York: Macmillan.

Lewis, Ben (2008): *Hammer and Tickle. A History of Communism Told Through Communist Jokes*. London: Weidenfeld & Nicolson.

Mészaros, Judit (2010): »Die Psychoanalyse als ›die private Psychologie des Imperialismus‹«. In: Berger, Ágnes; Henningsen, Franziska; Hermanns, Ludger M.; Togay, János Can (Hrsg.): *Psychoanalyse hinter dem Eisernen Vorhang*. Frankfurt a. M.: Brandes & Apsel: 81-98.

Nemes, Livia (1985): »Das Schicksal der ungarischen Psychoanalytiker in der Zeit des Faschismus«. In: *»Hier geht das Leben auf eine sehr merkwürdige Weise weiter...«*. Hamburg: Kellner.

Nemes, Livia (1999): »Entretien avec Livia Nemes«. In: *Le Coq-Héron* 193: 32-84.

Paál, János (1976): »Psychoanalyse in Osteuropa«. In: Eicke, Dieter (Hrsg.): *Die Psychologie des 20. Jahrhunderts*, Band III. Zürich: Kindler.

Schiess, Regula (1999): *Wie das Leben nach dem Fieber*. Gießen: Psychosozial.

Székacs-Weisz, Judit; Ward, Ivan (Hrsg.) (2004): *Lost Childhood and the Language of Exile*. London: Imago and The Freud Museum.

Tabajdi, Gábor; Ungváry, Krisztián (2008): *Elhallgatott múlt* [Die verschwiegene Vergangenheit]. Budapest: Corvina.

János Harmatta

Psychoanalyse in Zeiten der weichen Diktatur in Ungarn

Zu Beginn meiner Arztkarriere als Neurologe hatte ich schon Freud und andere analytische Autoren gelesen. Als ich eine Stelle im Psychotherapeutischen Zentrum in Budapest antrat, veränderte das meine berufliche Laufbahn und teilweise auch mein Leben. In diesem kleinen Krankenhaus von 60 Betten gab es neben einem ärztlichen Direktor den Chefarzt Doktor György Hidas. In diesem kollegialen Milieu, einer Gruppe von Psychoanalytikern, konnte ich Psychoanalyse lernen. Es herrschte dort eine Begeisterung für die Psychoanalyse und auch die analytische Gruppentherapie. Das war ansteckend für mich. Als ich aber den Arbeitstag von Herrn Hidas mitbekam, der bis 15 Uhr in der Klinik war, dann schnell nach Hause ging und bis halb zehn jeden Abend zu Hause als Psychoanalytiker praktizierte, sagte ich mir: So ein Leben möchte ich nicht haben. Ich wollte um fünf Uhr nach Hause gehen und Feierabend haben und dann vielleicht doch nicht Psychoanalytiker werden. Es vergingen einige Jahre, bis ich mich dennoch entschloss, eine Analyse zu beginnen. Mein erster Analytiker war Tibor Rajka, der Sekretär der alten psychoanalytischen Gesellschaft während der Kriegszeit, der viele Analytiker ausgebildet hatte. Leider starb er nach dreijähriger Analyse mit mir an einer schweren Krankheit. Er hatte mich noch an einen anderen alten Analytiker vermittelt. Zuerst wollte ich meine Analyse nicht fortführen. Ich hatte große Trauer und Schmerz erlebt, aber wenige Wochen später entschied ich mich doch dafür, die Arbeit abzuschließen, und ging zu meinem zweiten Analytiker, Vilmos Kapos, der zusammen mit L. Szondi im KZ Theresienstadt gewesen war. Bis heute bin ich meinem Schicksal dankbar, dass ich zwei solche Analytiker gekannt habe und viel von ihnen lernen konnte.

Nun komme ich zu meinem eigentlichen Thema, und möchte zuerst zur so genannten weichen Diktatur eine subjektive Einführung geben. Es geschah zu Beginn der 1970er Jahre. Ich wollte an einem Nachmittag gerade aus der Klinik nach Hause gehen, als eine Patientin an meine Tür klopfte und mich um ein kurzes Gespräch bat. Sie war sehr aufgeregt, und ich sah gleich, dass etwas passiert sein musste. Ich stellte meine Tasche hin, und ließ die Patientin ins Zimmer kommen.

Sie erzählte mir, dass alle acht Frauen ihres Krankenzimmers zum ärztlichen Direktor bestellt worden waren. Sie sollten nacheinander in sein Zimmer kommen. Als sie an der Reihe war, wurde sie befragt, wie sie sich fühle. Nach einigen Sätzen unterbrach man sie, und sie wurde gefragt, ob sie mit mir, ihrem Therapeuten, zufrieden sei. Ich muss einfügen, dass sie sich gerade in der Abschlussphase ihrer Behandlung befand. Als sie versuchte, etwas darüber zu sagen, wurde sie vom ärztlichen Direktor aufgefordert, alles niederzuschreiben und es ihm am nächsten Tag zu übergeben. Sie brauche nicht mit ihrem Namen zu unterzeichnen. Er interessiere sich nur dafür, wie seine Ärzte arbeiteten. Auch andere Patientinnen hätte er darum gebeten, und er zeigte ihr eine Menge Papiere. Er sei im Großen und Ganzen zufrieden mit mir, benötige aber noch einige Informationen über meine Schwachstellen. Die Patientin zögerte zuerst, versprach dann aber, die Angaben über unsere Zusammenarbeit zu liefern, und bat mich jetzt um meinen Rat. Sie wollte nichts über mich aussagen. Die ganze Sache war ihr furchtbar peinlich und erschien ihr wie eine Szene aus den 50er Jahren.

Als ich der Patientin zuhörte, spürte ich Spannung und Erleichterung zugleich. Die Erleichterung überraschte mich. Aber das schleichende Gefühl, dass ich beobachtet und heimlich kontrolliert wurde, war plötzlich weg. Jetzt wusste ich, dass ich kontrolliert wurde, und ich wusste auch, wie ich kontrolliert wurde. Aber die Angelegenheit ging über die Kontrolle weit hinaus. Dass Auskünfte über mich verlangt und gesammelt wurden, und zwar heimlich, hatte schon eher mit psychischer Bedrohung zu tun. Man kann ja niemals wissen, wann die Grenze erreicht wird. Auch war in diesem Spiel einkalkuliert, dass mich jemand einmal benachrichtigen würde wie jetzt diese Patientin, die von ihrem Gewissen gequält wurde. Dann würde ich eingeschüchtert sein, ich würde mich in Acht nehmen, nicht nur vor dieser Patientin, nicht nur bei meiner Arbeit, sondern auch vor der im Hintergrund lauernden Macht.

Wenn ich mich heute an diese Szene erinnere, frage ich mich: Was hat mich daran gehindert, diese Geschichte bei der nächsten Ärztekonferenz zu erzählen und den ärztlichen Direktor um eine Begründung zu bitten?

Heute würde ich es unbedingt tun. Damals kam mir diese Idee überhaupt nicht in den Sinn. Ich habe die Sache gegenüber ein, zwei vertrauten Kollegen erwähnt, aber offen oder offiziell habe ich nicht darüber gesprochen. Warum nicht? Einmal wollte ich die Patientin nicht in etwas hineinziehen und sie zur Zeugin machen. Ich wollte nichts, was sie betraf, enthüllen. Sie hatte mir Gutes getan, warum sollte ich ihr nicht den gebührenden Schutz geben? In gleichem Maße spielte auch Angst eine Rolle. Die Angst, dass die verborgene Macht sich gegen jeden richtete, der sie enttarnte und damit nicht akzeptierte, dass sie im Verborgenen blieb. Eine Aufdeckung dieser Macht hieß, sie zu kränken. Und das bedeutete offenen Krieg. Ich wollte aber meine Stelle behalten, und die Macht wollte versteckt bleiben. Gewiss hätte sie nicht im Verborgenen bleiben können, wenn es nicht auch außerhalb der Station und der Klinik bis hin zur politischen Führung diesen Machtmechanismus gegeben hätte. Mir war von Anfang an klar, dass ich durch den Bericht dieser Patientin in eine ziemlich günstige Lage gekommen war. Ich sagte ihr, sie solle selbst entscheiden, ob sie beim Abschluss eine schriftliche Beschwerde einlegen wolle oder nicht. Ich drückte ihr mein Verständnis für ihre Situation aus und dass ich annähme, dass sie sich durch den ärztlichen Direktor genötigt fühle.

Bei dieser Geschichte war das Entscheidende das Geheimnis. Ich sollte die kontrollierende Macht spüren, aber nicht in der Lage sein, sie genauer wahrzunehmen. Diese Macht war bar jeder Verantwortung. Sie brauchte sich nicht zu verantworten, was ich ständig tun musste. Dieses Bild ist allerdings recht einseitig. Eigentlich war dieses Institut damals etwas sehr Ungewöhnliches. Man konnte Therapien machen, auch ambulante; man konnte während der Therapiesitzungen das Telefon abschalten; man konnte Fachbücher lesen, und all das gehörte sogar zur Arbeit. Die Kollegen um uns herum beneideten uns. Wir waren eine Arbeitsgruppe mit psychoanalytischer Prägung. Zwar wusste man, dass die Psychoanalyse, was die Karriere betrifft, von Nachteil war, insofern als man wahrscheinlich keine Chefarztstelle bekam. Auf der anderen Seite war sie eine Insel der inneren Befreiung. Sie passte sehr gut zu der inneren Emigration, die von vielen Intellektuellen damals geübt wurde. Die Psychoanalyse wurde einerseits angegriffen, andererseits geduldet. Wenn man eine Ganztagsstelle hatte, durfte man am Abend seine Privatpraxis betreiben. Im Rahmen solcher ärztlichen Privatpraxen gab es psychoanalytische Ausbildung und Therapie. Die ungarische Psychoanalyse konnte sich auf die alten Traditionen stützen. Die analytische Situation war eine höchst private. Im Gegensatz dazu, wie man sonst dem politischen System ausgeliefert war, entwickelte sich hier das notwendige Vertrauen, ein positives Zugehörigkeitsgefühl, ein Gefühl der Geborgenheit.

Das therapeutische Angebot bedeutete einen großen Schatz in einer Zeit, in der es an Alternativen mangelte. Die bedrohende, politisch gefärbte Außenwelt war wie eine Hülle, in deren Innerem sich die psychoanalytische Arbeit abspielte. Auf diese Weise konnte man mit der psychischen Innenwelt sogar sehr gut arbeiten. Es wurde Ausbildung im Fachbereich durchgeführt, und es gab ein fachliches Leben, auf das man sogar stolz sein konnte. In der politischen Außenwelt versuchte man, sich politisch möglichst nicht zu engagieren, um nicht zum Mitläufer zu werden. Die Berufswahl konnte auch zu einer Auflehnung gegen die bestehende Macht werden, wie es Szönyi 1992 beschrieben hat. Dieses Gefühl ethischer Überlegenheit und die daraus resultierende narzisstische Haltung waren auch für die Patienten wahrnehmbar. An der Therapie teilzunehmen, war für sie etwas Ungewöhnliches. Dadurch wurde auch ihr Narzissmus gestärkt. Das Arbeitsbündnis zwischen Analytiker und Patient war eine Art Bündnis gegen die Außenwelt. In einem Gesellschaftssystem, in dem Ideologie und Politik bis in die menschliche Privatsphäre einzudringen versuchten, kamen Patienten mit unterschiedlicher Prägung oft mit der unbewussten Absicht in die Behandlung, ihre Privatsphäre ein Stück zu erweitern. Die Therapie war der Ort, wo man sich der gesellschaftlichen Kontrolle entziehen konnte.

Vom politischen Leben bis hinein in das Alltagsleben gab es Themen, die tabu waren, und die zu behandeln äußerste Vorsicht verlangte. Die Grenzen blieben unausgesprochen, aber man wusste instinktiv, wo sie lagen. Themen, die die Weltanschauung, den religiösen Glauben oder eine linke Gesinnung betrafen, blieben oft mehr im Verborgenen als »intime« Themen wie Sexualität und insbesondere Perversionen. Die tabuisierten Themen waren oft völlig abgespalten, und manchmal existierten parallel entgegengesetzte Einstellungen. In dieser Hinsicht konnte man von einer multiplen Identität der Menschen sprechen.

Die therapeutische Beziehung hatte eine Schutzfunktion. Diese Funktion wurde von beiden Seiten gefühlt. Als Beispiel erwähne ich einen Patienten mit einer Borderline-Störung und ausgeprägter Ablösungsproblematik. Anfangs konnte er gar nicht aus der Sitzung weggehen. Er brauchte dafür eine Viertelstunde und kam manchmal aus dem Vorzimmer wieder zurück, wie Inspektor Colombo es zu tun pflegte. Im Laufe der Therapie entwickelte er einen neuen Lebensplan. Er wollte nach Israel auswandern, diszidieren, wie es damals hieß, weil es gegen die Gesetze verstieß. Wenn so etwas vorkam, wurde unweigerlich eine politische Untersuchung durchgeführt. Ganz unabhängig davon, wie weit es sich dabei um eine Verschiebung des Problems handelte, musste er annehmen, dass man mich als Therapeuten zur Verantwortung ziehen würde. Er hatte einen Plan entwickelt, um diese Situation zu vermeiden. Er wollte die Behandlung bei mir zwei Monate vor der Abreise beenden. Da er wusste, dass er zwei Monate psychisch nicht überstehen würde, plante er eine Behandlung bei einem pensionierten Therapeuten, dem das nicht mehr schaden konnte. Das Hauptmerkmal der Situation der so genannten weichen Diktatur bestand darin, dass alles immer zwei Seiten hatte. Die Peitsche aber war immer sichtbar. Die Drohung war offen zu spüren.

Als in Ungarn Hidas und seine Mitarbeiter 1974 anfingen, psychotherapeutische Wochenenden zu organisieren, trat die Psychotherapie damit in die gesellschaftliche Öffentlichkeit. Diese Veranstaltungen waren gruppenpsychotherapeutisch ausgerichtet und boten mit ihrem Wechsel von Groß- und Kleingruppensitzungen ein Forum nicht nur für die Psychotherapieszene, sondern auch für die Intelligenz des Landes. Viele Teilnehmer kamen aus anderen Fachgebieten: Richter, Lehrer, Schauspieler, Journalisten etc. Alles Seelische wurde großgeschrieben. Das führte dazu, dass die Veranstaltungen sofort von verschiedenen Instanzen unter die Lupe genommen wurden. Zuerst vom Innenministerium, dann von einem Ausschuss der Akademie der Wissenschaften, der sie in Bezug auf ihre politischen Inhalte untersuchen sollte. Die beiden Professoren, die die Veranstaltung begutachteten, hatten gar nicht daran teilgenommen, obwohl sie eingeladen waren. Sie kamen zu dem Ergebnis, dass die psychotherapeutischen Wochenenden eine psychoanalytische Orientierung hatten. Trotzdem durften die Veranstaltungen fortgesetzt werden. In zehn Jahren fanden insgesamt 25 psychotherapeutische Wochenenden statt, allerdings keines in Budapest, sondern alle auf dem Land. Ich gehörte mit Gabor Szönyi und Ivan Lust zum engeren Mitarbeiterkreis von Doktor Hidas und erlebte mit, mit wie vielen Ängsten und Befürchtungen und mit welchem Risiko das Ganze verbunden war. Es wurde darauf hingewiesen, dass es schädlich sei, dass die Psychoanalyse von Ärzten und Psychologiestudenten weitervermittelt wurde. Im Übrigen vermied man es, offiziell über die Psychoanalyse zu sprechen. Diese politische Situation wurde ausgenutzt, als Doktor Hidas aus persönlichen Gründen nicht zum Nachfolger seines Vorgesetzten berufen und seine Mitarbeiter nicht weiter beschäftigt werden sollten. Daraufhin wurde von außen ein neuer Vorgesetzter ernannt, der den Auftrag hatte, dieses psychoanalytische Nest auszuräumen. Hidas wurde schwer angegriffen und seinen Mitarbeitern eine Frist gestellt. Vorübergehend wurden wir versetzt. Aber später gelang es uns doch, eine neue Klinik ins Leben zu rufen.

Ein Gutteil der ungarischen Psychoanalytiker blieb jedoch im fachpolitischen Sinne passiv. Diese Kollegen interessierten sich nur für die psychoanalytische Beziehung, sie legten ihren Schwerpunkt auf die Tätigkeit in ihren Privatpraxen. Die von der Außenwelt abgegrenzte Zweiersituation in der analytischen Therapie führte manchmal dazu, dass die Behandlungen sehr lang wurden. Im Vergleich zu der perspektivlosen Außenwelt war die phantasierte Innenwelt soviel befriedigender, dass Analytiker und Patient dort gerne verweilten. Weil sich die Arbeit am Unbewussten in solchen Fällen relativ gut, aber uferlos gestaltete, war es nicht immer leicht festzustellen, welches therapeutische Ziel noch angesteuert werden sollte.

Die durch die »weiche Diktatur« hervorgerufene gesellschaftliche Situation förderte auch das Bedürfnis nach Gemeinsamkeit innerhalb des Berufsstandes. Die Kollegen waren aufeinander angewiesen. Ausbildungen und Seminare fanden in Privatpraxen und Wohnungen statt. Es entstand eine Berufsgemeinschaft, die einer großen Familie ähnlich war. Diese Berufsgemeinschaft förderte eine Identifizierung mit dem Berufsstand und ermöglichte eine narzisstische Zufuhr, die man in dieser Lage brauchte. Das erschwerte aber zugleich eine kritische Auseinandersetzung mit der eigenen Arbeit und mit den Unterschieden zwischen einzelnen Kollegen. Die ausländischen kollegialen Beziehungen hatten für diese Berufsgemeinschaft eine stützende Funktion. Sie vermittelten die Perspektive und das Gefühl, zur internationalen Analytikergemeinschaft zu gehören. Durch die finanziell erschwerten Reisemöglichkeiten wurden diese Beziehungen noch weiter idealisiert. Idealisiert wurden aber auch die Traditionen. Sich auf Altes zu beziehen, bot Sicherheit und verhieß Fachkundigkeit. Die theoretische Arbeit sollte dort fortgesetzt werden, wo sie am Ende der 1940er

Jahre aufgehört hatte. Es begann eine intensive Nachholarbeit. Der innere Aufbau schien viel wichtiger als die Vermittlung nach außen. In dieser engen Gemeinschaft war es schwer, die allmähliche Veränderung der Außenwelt wahrzunehmen und zu reflektieren.

Angesichts der vorhandenen Bedrohung konnte man nicht wirklich von einer offenen Gesellschaftskritik sprechen, im Hinblick auf die psychische Freiheit eher von einem gewissen Abstand zur Gesellschaft. Die Patienten kamen hauptsächlich aus intellektuellen Kreisen. Viele hatten frühe Störungen und entweder selbst oder in ihrer Familie traumatische Erfahrungen erlebt, wie KZ-Aufenthalte, Vertreibung, zerrissene Familien und politische Prozesse mit Verurteilungen. Karriereabbrüche, Exil und Suizide bildeten oft den Hintergrund für die intrapsychische Problematik.

War die ungarische Psychoanalyse in den 40 Jahren des kommunistischen Regimes systemkonform? In gewissem Sinne ja, weil sie sich den vorgegebenen Dingen angepasst hat. Sie lebte in der Halblegalität, aber in ihrem Wesen hat sie sich nicht angepasst, weil sie sich niemals mit dem System identifizierte. Sie zog sich eine Zeit lang in den therapeutischen Bereich zurück und richtete sich auf das Überleben ein. Sie bewahrte die psychoanalytischen Werke und die Traditionen der ungarischen psychoanalytischen Schule und war bestrebt, wieder Zugang zur internationalen psychoanalytischen Bewegung zu bekommen. Seit Beginn der 1970er Jahre hatten die Psychoanalytiker durch die Gruppenbewegung sogar die Rolle einer gesellschaftlichen Alternative übernommen.

Ich habe mit Absicht von der ungarischen Psychoanalyse gesprochen, da die Psychoanalyse in Mittel- und Osteuropa nur in Ungarn ununterbrochen aufrechterhalten werden konnte, obwohl sie in den 1950er Jahren vom kommunistischen Regime in die Privatpraxis verbannt wurde. Dann folgte die zweite Periode von den 1960er, 1970er bis Anfang der 1980er Jahre, über die ich jetzt gesprochen habe. Die dritte Phase umfasste die zweite Hälfte der 1980er Jahre. Es war die Zeit der internationalen Wiedereingliederung und der vorsichtigen Beschäftigung mit gesellschaftlichen Themen. Die Wiedereingliederung wurde von der ungarischen psychoanalytischen Gesellschaft getragen. Die Beschäftigung mit gesellschaftlichen Themen spielte sich in der Sándor Ferenczi-Gesellschaft ab, die 1988 gegründet wurde. Sie organisierte das Symposium *Psychoanalyse und Gesellschaft*, im folgenden Jahr *Psychoanalyse und Hermeneutik* und dann *Politische Veränderungen in der Psychoanalyse an der Jahrtausendwende.*

Die weiche Diktatur hatte in Ungarn nach der Revolution von 1956 und der folgenden schwierigen Terrorzeit begonnen, als János Kádár sagte, »wer nicht gegen uns ist, ist mit uns«. Und ab 1965 gab es wieder Psychologie und Soziologie. Sehr wichtig waren für die Ungarn die drei »Nagy T«: tiltott, türt, támogatott – verboten, geduldet, unterstützt. Alle Tätigkeiten wurden in diese drei Kategorien eingeteilt. Die Psychoanalyse gehörte zu »geduldet«. Die Grenzen waren aber nicht sichtbar, und man konnte nie genau wissen, wo sie lagen, woher die Bedrohung kam und wo es Vorschriften und Gesetze gab, die man nicht einhalten konnte. Man fühlte sich immer als Grenzübertreter und war voller Gewissensbisse oder fürchtete sich vor der Bedrohung. Es war eine spezielle Situation, dass in Ungarn unter der Obhut treuer kommunistischer Institutsdirektoren kleine psychoanalytische Arbeitsgruppen überleben konnten, so das oben erwähnte psychotherapeutische Zentrum an der Palatinus-Straße, die Institutionen Faludi-Straße und Völgy-Straße (benannt nach den jeweiligen Anschriften) sowie in Pesthidegkút.

Ein Meilenstein war meines Erachtens das Jahr 1969, als Michael Balint erstmals nach dem Krieg wieder Budapest besuchte und an der Akademie der Wissenschaften einen Vortrag hielt. Aus diesem Anlass wurde sein Buch *Der Arzt, der Patient und seine Krankheit* auf Ungarisch herausgebracht. 1971 erschienen erste psychoanalytische Bücher auf Ungarisch, unter anderem der Sammelband *Psychoanalyse und ihre modernen Richtungen*, womit eigentlich die neue psychoanalytische Bewegung begonnen hat. Ich habe schon kurz von den psychotherapeutischen Wochenenden gesprochen. Sie wurden zu einer Bewegung mit Gruppenmethoden und den darin enthaltenen psychoanalytischen Theorien, was an die Grenzen des Erlaubten stieß. 1974 und 1979 verdeutlichten die zwei Beschlüsse der Akademie der Wissenschaften die Grenzen. Damals hing es immer von der offiziellen politischen Haltung ab, was publiziert werden konnte, zum Beispiel dass die Psychoanalyse eine Pseudowissenschaft sei und vieles andere. Die DDR-Kollegen werden das verstehen.

1980 kam es zur Gründung einer selbstständigen Psychiatrischen Gesellschaft, wozu die psychotherapeutische Wochenendbewegung den entscheidenden Anstoß gegeben hatte. In der damaligen Zeit eine solche

Gesellschaft zu gründen, bedeutete etwas anderes als heute, musste doch eine Vielzahl von Genehmigungen von Seiten der Machthaber eingeholt werden. Im Rahmen der Psychiatrischen Gesellschaft konnte jede Psychotherapierichtung eine eigene Sektion gründen. Das war die Wiedergeburt der analytischen Gesellschaft als offizieller Sektion der Psychiatrischen Gesellschaft. Seither konnten die Psychoanalytiker offiziell zusammenkommen, Sitzungen abhalten, Konferenzen organisieren etc., was einen wesentlichen Fortschritt gegenüber den bisher nur möglichen Treffen in Wohnungen und auf der privaten Ebene darstellte. Diese ungarische psychoanalytische Gesellschaft leistete sich zwei Satzungen zur gleichen Zeit. Die eine gewährleistete die institutionelle Anbindung an die Psychiatrische Gesellschaft, während die andere den Statuten der IPA (International Psychoanalytical Association) entsprach. Beide Satzungen waren so formuliert, dass sie nicht in allzu starkem Widerspruch zueinander standen. Mit dieser Janusgesichtigkeit kamen die Analytiker ganz gut zurecht.

Was die Reintegration der ungarischen Psychoanalyse in die internationale Psychoanalyse betrifft, so hatte Imre Hermann als Erster mit der IPA verhandelt. Eigentlich wollte er für sich und seine Schüler erreichen, als direkte Mitglieder in die IPA aufgenommen zu werden. Die IPA lehnte das ab und stellte Anforderungen für eine ungarische Gesellschaft. Danach verhandelte Hidas mit der IPA, es wurde ein genaues Procedere festgelegt, wie und wann man eine Studiengruppe gründen konnte und wann eine provisorische Gesellschaft, um am Ende dieses Prozesses deren volle Mitgliedschaft in der IPA zu erlangen. Insgesamt dauerte das für die ungarische psychoanalytische Gesellschaft 20 Jahre.

Ein anderes Kapitel stellen die gemeinsamen Bemühungen der sozialistischen Länder zur Förderung der Psychotherapie dar. 1973 wurde in Prag eine entsprechende Arbeitsgruppe gegründet. Bis auf Rumänien und Jugoslawien waren alle dabei. Im jährlichen Turnus gab es entsprechende Sitzungen, zu denen jedes Land zwei oder drei Leute delegierte. Aus Ungarn zuerst Hidas und Pertorini und ab der nächsten Sitzung in Dresden nahmen auch Iván Lust und ich daran teil. Es war sehr wichtig, dass die auf diesen Sitzungen verabschiedeten Resolutionen bei den nächsten Konferenzen der Gesundheitsminister der sozialistischen Länder unmittelbar auf den Tisch kamen. Obwohl diese Arbeitsgruppe eigentlich innerhalb der Berufsgruppe gegründet worden war, mussten ihre Beschlüsse von jedem

Gesundheitsministerium anerkannt werden und erhielten dadurch eine besondere Bedeutung. Dabei war sehr hilfreich, dass wir Unterschiede und Widersprüche der verschiedenen sozialistischen Länder nutzen konnten, da es einen einheitlichen Ostblock, wie er vom Westen gesehen wurde, eigentlich nicht gab. Insbesondere die Unterschiede zur Sowjetunion waren besonders groß. Insofern konnte die Arbeitsgruppe fördernd einwirken, weil in dem einen Land etwas möglich war, was in dem anderen mit Verweis darauf später auch umgesetzt werden konnte. Zum Beispiel hatten die DDR, Teile der Tschechoslowakei und Polen bereits eine offizielle psychotherapeutische Ausbildung. Das hatten wir in Ungarn noch nicht. Aber mit Hilfe dieser Länder versuchten wir, das auch in Ungarn zu erreichen. Allerdings war dort die festgelegte Stundenzahl ziemlich niedrig. Weil in Ungarn dieses System nicht offiziell ausgearbeitet war, sondern über Praxen lief, konnten hier Psychotherapien und Psychoanalysen leichter nach internationalen Maßstäben bezüglich Stundenzahlen und Behandlungszielen durchgeführt werden. In der DDR gab es ein psychotherapeutisches Versorgungssystem. Wir hatten das nur an einzelnen Stellen und versuchten, es auch einzuführen. Umgekehrt verfolgten die Kollegen aus der DDR und Polen, was sie von uns lernen und übernehmen konnten. Das war zu unserem gegenseitigen Vorteil, zumal auch internationale Kongresse organisiert wurden und legale Fachbeziehungen entstanden.

Als sich in den 1970er Jahren auch in den westlichen Ländern das Konzept der Gruppentherapien verbreitete, war dies in den sozialistischen Ländern interessanterweise schon etabliert. Im Rahmen dieser Therapieform ergab sich also schon eher eine gute internationale Zusammenarbeit, die in Bezug auf die Psychoanalyse erst später gelang. Als Beispiel verweise ich auf die vierte internationale Konferenz 1976 in Ungarn. In der unten abgedruckten Graphik (siehe S. 62f) sind die damaligen DDR-Beiträge von Höck, Seidler, Petzold, Zeller, Kneschke und Froese durch eine Unterstreichung markiert. Herr Höck hat viel für die Beziehungen getan und war in dieser Hinsicht sehr aktiv. Ott, Kiesel und Schwarz aus der DDR waren ebenfalls dabei. Als nächsten Schritt versuchten wir in Ungarn im Rahmen dieser Arbeitsgruppe eine internationale, viersprachige Zeitschrift herauszubringen – eine aus finanziellen Gründen höchst komplizierte Angelegenheit, die langer Verhandlungen bedurfte. In Dresden fand die entscheidende wissenschaftliche Sitzung statt, an der Lust und ich von der ungarischen

7

Lectori salutem!

Die Psychotherapie hat in den sozialistischen Ländern in Wissenschaft und Praxis einen bemerkenswerten Fortschritt erfahren, seit die in den Prager "Psychotherapiethesen" 1973 formulierten gesundheitspolitischen Zielstellungen und praxisbezogenen Vereinbarungen mehr und mehr das gemeinschaftliche Handeln bestimmten. Diese von den Ministerien für Gesundheitswesen bestätigten Psychotherapiethesen und die Tätigkeit der Arbeitsgruppe "Psychotherapie" sozialistischer Länder förderten insbesondere die wissenschaftliche und praktische Zusammenarbeit der Psychotherapeuten sozialistischer Länder, ihre wissenschaftlichen Vereinigungen und Institutionen. Es entwickelte sich zunehmend die Auffassung, dass die Psychotherapie interdisziplinären Charakter besitzt und in vielen medizinischen Disziplinen zunehmend Anwendung finden sollte. Dazu gehört auch die Entwicklung eigener Methoden und Theorien. Die Prinzipien des Gesundheitsschutzes der sozialistischen Staaten ermöglichen jedem Bürger in zunehmendem Masse die psychotherapeutische Betreuung im Bedarfsfall und gewährleisten eine ständige Erhöhung der Qualität psychotherapeutischer Massnahmen, sofern es gelingt, die wissenschaftlichen Erkenntnisse auf dem Gebiet der Psychotherapie jedem Psychotherapeuten zugänglich zu machen.

Unsere Publikation, deren erste Ausgabe dem Leser hiermit in die Hand gegeben wird, hat die Aufgabe, sowohl die verschiedenen Formen der individuellen Psychotherapie als auch der gruppenpsychotherapeutischen Methoden bekanntzumachen und den wissenschaftlichen Erfahrungsaustausch der Psychotherapeuten sozialistischer Länder zu fördern. Wir wollen gleichzeitig zur weiteren theoretischen Fundierung der Psychotherapie beitragen und möchten uns mit dieser Publikation in den Dienst der internationalen wissenschaftlichen Zusammenarbeit stellen.

8

Wir begrüssen unsere Leser auf das herzlichste. Wir hoffen und wünschen, dass es nicht nur beim Lesen unserer Publikation bleibt, es ist das Ziel, dass diese Publikation mit ihren wissenschaftlichen Beiträgen, Mitteilungen und Reflexionen viele aktiv beteiligte Interessenten und Autoren finden wird.

Dresden - Budapest November 1976.

Seite, von der sowjetischen Kabanow und Karwasarski und aus der DDR Höck und Professor Seidel von der Charité teilnahmen. Herr Seidel und ich feilten eine ganze Nacht am Editorial, das von großer politischer Bedeutung war. Wir mussten sehr vorsichtig vorgehen, damit die Sowjets es auch unterzeichnen und später die Ministerien der sozialistischen Länder ihre Zustimmung geben konnten (siehe das faksimilierte Editorial auf S. 61).

Bei der Durchsicht der Inhaltsverzeichnisse wird der internationale Charakter der Zeitschrift deutlich. Im zweiten Heft gab es bereits einen Artikel aus den USA. Es ging immer darum, Grenzen abzutasten und möglicherweise etwas über sie hinauszugehen. Judit Csehák, damals Sekretärin der ungarischen Gewerkschaft des Gesundheitswesens, schrieb auch einen Artikel. Die dritte Nummer enthielt bereits psychoanalytische Beiträge, zum Beispiel von dem Prager Psychoanalytiker Theodor Dozushkov. Mit Peter Kutter begannen auch westliche Verfasser, hier zu publizieren. Die besonders wichtige Resolution von Leningrad wurde ebenfalls abgedruckt.

ELŐZETES PROGRAM   PRELIMINARY PROGRAMME

1976. augusztus 29. vasárnap délután

14.30 - 16.00   Plenáris ülés. Plenary Session
                1. Megnyitó. Inauguration
                2. Főreferátum: A csoportpszichoterápiás folyamat különböző aspektusai. 30 p.
                   HIDAS György dr. - BUDA Béla dr.
                3. Nemzetközi panel. International Panel

16.00 - 16.30   Szünet. Break

16.30 - 18.30   Előadások A és B szekcióban. Lectures in Section A and B
                A szekció - Section A
                Témakör: Csoportkutatás   - Subject matter: Group Research
                1. Dr. DONÁTH B. /Budapest/: Some dynamic aspects in small-groups aimed of
                   developing personality /age groups from 12-16/
                2. Dr. LUST I. /Budapest/: Semiotische Aspekte in der Untersuchung des Gruppen-
                   psychotherapeutischen Prozesses
                3. VERES S. /Budapest/: Egyenlőség vagy hierarchia a csoporttagok kölcsönös el-
                   várásainak tükrében. A csoportstruktúra általános elvei és a csoportegyedi-
                   ség.
                4. H. HESS /Berlin, DDR/: Zur Messung von Gruppenbeziehungen mit Hilfe des
                   Fragebogens von Bales.
                5. Dr. Ch. SEIDLER /Berlin, DDR/: Versuch der Erfassung affektiver Prozesse mit
                   Hilfe der Sprechfehlerkategorien nach Mahl.
                6. JÁRÓ K. - VERES S. /Budapest/: Csoportszerkezet és a pszichoökonómiai paradig-
                   ma /oroszul - Russian/
                7. Dr. STARK A. /Pécs/: A szituatív racionális-emocionális kettős vezetésű cso-
                   portpszichoterápiás módszer alkalmazása pszichotikus betegcsoportban I. Mód-
                   szer. A terápiás folyamat fázisai.
                8. JÁDI F. /Pécs/: A szituatív racionális-emocionális kettős vezetésű csoport-
                   pszichoterápiás módszer alkalmazása pszichotikus betegcsoport II. Vizsgála-
                   ti eredmények.

<u>1976. augusztus 29. vasárnap délután</u>

16.30 - 18.30 <u>B szekció - Section B</u>
Témakör: Csoportpszichoterápiás tapasztalatok.
Subject matter: Group-Psychotherapeutic experiences

    9. Dr. KAPPÉTER I. /Debrecen/: Psychically effective work among the group of psychotics.
   10. E. BOHUSLAV /Tabor, CSSR/: Art activity and Psychotherapy.
   11. P. HÁJEK, Ph. D. /Kroméříž, CSSR/: Techniques of art therapy in group psychotherapy with neurotics.
   12. S. HERMOCHOVÁ Ph. D. /Prága, CSSR/: Plays in Group Therapy in the Service of Mental Health Prevention.
   13. Dr. HARMAT P. - LŐRINCZ Zs. /Budapest/: Csoportpszichoterápia TBC-s alkoholista betegeken.
   14. Dr. POLCZ A. /Budapest/: Malignus betegségben szenvedő betegek és hozzátartozóiknál alkalmazott csoportpszichoterápiás módszerek.
   15. Dr. FÖVÉNYI M. /Miskolc/: Az asthma pszichoszomatikus vonatkozásairól.
   16. FLASKAY Gábor: Mentálhigiénés Intézetben szerzett csoportpszichoterápiás tapasztalatok.

18.30 - 20.00 Vacsora. Supper

20.00 - 21.30 Előadások A és B szekcióban - Lectures

            <u>A szekció - Section A</u>
            Témakör: Csoportkutatás   -   Subject matter: Group Research

   17. Dr. O. KONDÁS /Bratislava, CSSR/: Experiences from the Experimental Use of Group Desensitization.
   18. <u>Dr. H. PETZOLD /Berlin, DDR/</u>: Musikerleben bei stationärer Psychotherapie.
   19. <u>G.U. ZELLER /Berlin, DDR/</u>: Untersuchungen zur Erfassung phasenspezifischer Verhaltenskriterien bei stationärer Gruppenpsychotherapie.
   20. <u>M. KNESCHKE /Berlin, DDR/</u>: Untersuchungen zur Selbstbild - Idealbildkonstellation im Verlauf des Gruppenprozesses.
   21. M. FROESE: Die soziodynamische Funktionsverteilung in Psychotherapiengruppen in Abhängigkeit von der Häufigkeit verbaler Interaktionen.
   22. SOÓS B. /Budapest/ Predikció és emocionális feszültségvizsgálatok a csoportpszichoterápiás ülések tematikus anyagára vonatkozóan.

20.00 - 21.30 <u>B szekció - Section B</u>
Témakör: Csoportpszichoterápiás tapasztalatok
Subject matter: Group-Psychotherapeutic Experiences

   23. Dr. SZŐNYI G. /Budapest/: A terápiás keret dinamikus szerepe a csoportpszichoterápiában.
   24. Dr. VÁNDOR T. /Pécs/: Gruppenpsychotherapie in den operativen Kliniken
   25. Dr. KISS R. /Budapest/: Pszichoszomatikus betegség gyógyítása csoportpszichoterápiás módszerrel /angol - English/
   26. Dr. HORÁNSZKY K. /Budapest/: Csoportterápiával kapcsolatos tapasztalatok ideggondozóban.
   27. Dr. LUX E. /Budapest/: A "habituális" vetélők csoportterápiája
   28. Dr. TAKÁCH G. /Budapest/: Gyorsan recidiváló pszichotikusoknál alkalmazott csoportpszichoterápiás próbálkozások tapasztalatai.

21.30 - 22.30 Szabad társasági összejövetel - Informal social meeting

<u>1976. augusztus 30. hétfő délelőtt</u>

9.00 - 10.00 Plenáris ülés. Plenary Session
           Referátum: Prof. dr. KUN Miklós - dr. FÜREDI János:- A gyógyító közösség mint a pszichoterápia közege. 30 p.

           Vita. Discussion.

10.00 - 10.30 Szünet. Break.
10.30 - 12.30 Vitacsoport I. - Work-shop I.
           Téma: Zur Ausbildungsfrage von Psychotherapeuten.
           Vezetik: OMR Dr. K. HÖCK /Berlin, DDR/, Dr. S.R. GRAUPE /Wien/, dr. HIDAS Gy. /Budapest/.

10.30 - 12.30 Demonstrációs csoport "D1" - Demonstration Group "D1"
           Téma: Pszichodráma demonstráció.
           Vezeti: MÉREI F.

10.30 - 12.30 Demonstrációs csoport "D2" - Demonstration Group "D2"
           Téma: Group desensitisation
           Vezeti: Dr. O. KONDÁS /Bratislava, CSSR/

Im Auftrag der IPA kamen John Klauber aus London und Harald Leupold-Löwenthal aus Wien oft nach Ungarn, bereiteten Kandidaten auf ihre Prüfungen vor, die sie selbst durchführten, und betreuten die ungarischen Mitglieder. 1975 wurde eine Studiengruppe der IPA mit den fünf Lehranalytikern Hidas, Linczényi, Nemes, Paneth und Vikar anerkannt. Die ungarischen Analytiker teilten sich in zwei Gruppen, von denen nur die Hidas-Gruppe die Öffentlichkeit suchte, während sich die andere eher zurückzog. Das konnte sogar so weit gehen, dass sie ihren Kandidaten verbot, an den psychotherapeutischen Wochenenden teilzunehmen. In den 1980er Jahren konnte die Gesellschaft bereits öffentlich zusammenkommen, und zwar in Räumlichkeiten des Roten Kreuzes. Ab 1986 gab es dann für uns Reisepässe, so dass wir unsere ausländischen Kontakte selbstständig gestalten konnten. Auf dem IPA-Kongress in Madrid 1983 erhielt die ungarische Gesellschaft die assoziierte Mitgliedschaft in der IPA. Zwei- oder dreimal fanden ungarisch-österreichische psychoanalytische Treffen statt, und es wurden Neuauflagen der alten psychoanalytischen Literatur, insbesondere von Róheim, Hermann und Ferenczi, vorgelegt. 1986 begannen die Kontakte mit Ulm, in deren Ergebnis wir Ungarn die erste Übersetzung des Lehrbuchs der psychoanalytischen Theorie und Praxis von Thomä und Kächele herausbrachten. Die Ulmer Kollegen halfen uns auf großzügige Weise. Herr Thomä gründete die Balint-Stiftung, mit deren Hilfe junge Kollegen unterstützt wurden. Ähnlich waren schon Mitte der 1970er Jahre fünf ungarische Analytiker an das Frankfurter Sigmund-Freud-Institut eingeladen worden, was wesentlich dazu beitrug, dass eine Studiengruppe in Budapest anerkannt wurde.

1987 fand eine internationale psychoanalytische Konferenz statt, was es seit dem Zweiten Weltkrieg in Ungarn nicht mehr gegeben hatte. Wir waren sehr aufgeregt und organisierten sie mit großem Aufwand unter dem Thema der Traumatisierung im Erwachsenen- und Kindesalter. Alles war dreisprachig vorbereitet. Der Teilnehmerliste ist zu entnehmen, dass offiziell acht DDR-Kollegen anwesend waren, die herzlich willkommen geheißen wurden. Inoffiziell sollen es etwas mehr gewesen sein. Im Unterschied dazu waren 65 westdeutsche Kollegen nach Budapest gekommen. Von den anderen sozialistischen Ländern waren nur Kollegen aus der Tschechoslowakei vertreten. Von ungarischer Seite waren nicht nur Psychoanalytiker zugegen. Insofern dokumentierte diese Konferenz eine gewisse Stärke der

Psychoanalyse in der ungarischen Gesellschaft. Auf dieser Konferenz war das Bestreben besonders von Seiten der ostdeutschen Kollegen groß, sich mit den westlichen Psychoanalytikern zu treffen. Sie wollten Erkundigungen einziehen, wie man die Psychoanalyse auch in der DDR heimisch machen könnte. Als einer der verantwortlichen Organisatoren ermöglichte ich eine extra Sitzung außerhalb des Programms, an der Harald Leupold-Löwenthal und Han Groen-Prakken von der IPA teilnahmen. Dabei stellte sich heraus, dass es einen leichten Weg zum »Einpflanzen« der Psychoanalyse leider nicht gab. Diese Diskussion verursachte eine Enttäuschung besonders bei den DDR-Kollegen, die sehr, sehr engagiert waren. Andererseits führten diese ersten Kontakte langfristig zur Gründung eines osteuropäischen Trainingsinstituts, des heutigen Han Groen-Prakken-Instituts, benannt nach seiner Initiatorin und langjährigen Leiterin, die viele Jahre mit Erfolg daran gearbeitet hat, dass es auch in Russland und anderswo immer stärker werdende psychoanalytische Gesellschaften gibt.

In der zweiten Hälfte der 1980er Jahre kam es in der ungarischen Gesellschaft, die aus verschiedenen Gruppierungen (neben der großen Gruppe um I. Hermann, der um I. Schönberger und der um P. Popper) bestand, zu einer gewissen Vereinigung. Nach einer heftigen Auseinandersetzung wurde beschlossen, dass Stefan Schönberger/Székács und seine Schüler und Anhänger die volle Mitgliedschaft samt allen damit zusammenhängenden Rechten erhielten. Diese Integration gelang so gut, dass der übernächste Präsident schon aus dieser Gruppe kam und heute kaum noch zu unterscheiden ist, wer ursprünglich aus welcher Gruppe stammt. Wie schwer es ist, aus dem geschlossenen Zirkel herauszutreten, zeigt sich daran, dass die Akten der Präsidentin aus den 1980er Jahren vorsichtshalber vernichtet worden waren. Ab 1992 gab es einen Generationswechsel im Leben der ungarischen Gesellschaft, die weiter eine gute Existenz führt.

Ich möchte mit einem Erlebnis schließen. Auf der psychotherapeutischen Konferenz in Budapest 1987 wurde die Sándor-Ferenczi-Gesellschaft gegründet. In der Schlange vor der Rezeption entdeckte ich als Allerletzten György Acél, einen ranghohen Kommunisten, der für die ganze Kulturpolitik verantwortlich war. Ich holte ihn nach vorn, er ging dann in den Vortragssaal und nahm an der Konferenz teil. Das war die weiche Diktatur, wo die Grenzen fließend waren. Nach der Sitzung gingen wir in ein nahegelegenes Restaurant. Dort tagte der Vorstand der neuen ungarischen demokratischen Partei unter der Leitung von Jozsef Antal, dem späteren Ministerpräsidenten und früheren Direktor des Medizingeschichtlichen Museums. Auf unserer internationalen Konferenz hatte er die Ausstellung zur Geschichte der ungarischen Psychoanalyse eröffnet. Als er uns in dem Restaurant sah, stand er auf, kam zu Doktor Hidas und begrüßte uns. Innerhalb einer Stunde konnte man die alte Macht (Acél) und die neue Macht (Antal) sehen und mittendrin die Psychoanalyse. Das war eine interessante Erfahrung. Zum Schluss möchte ich Ihnen ein Bild von einem Denkmal zeigen, das mit Eis überzogen war. Das Eis wird schmelzen, aber der Stein darunter bleibt bestehen.

Ferenc Erös

Psychoanalyse und kulturelles Gedächtnis

Der Begriff »Eiserner Vorhang« im Titel unseres Symposiums hat mehrere Bedeutungen. Zuallererst bezeichnet er in einem konkreten Sinn reale,
physikalische Objekte wie den eisernen Vorhang, der nach jeder Theater-
aufführung fällt. Aber er steht auch für den Stacheldraht, die Zäune, Mauern, Minenfelder und andere Objekte, die konkrete Räume voneinander
trennen, absperren und die Grenzen zwischen ihnen sichern. Metaphorisch
ist der Begriff »Eiserner Vorhang« mit der jahrelangen Teilung Europas
verbunden; mit der politischen, militärischen, ökonomischen, ideologischen und kulturellen Teilung zwischen »Ost« und »West«, wie sie nach
dem Zweiten Weltkrieg entstanden ist und in politischer und militärischer
Hinsicht mindestens bis 1989 gültig war. Der Fall der Berliner Mauer, nur
wenige hundert Meter von dem Ort entfernt, an dem wir uns heute befinden, war ein symbolträchtiger, historischer Augenblick, der Beginn einer
geistigen Wiedervereinigung Europas.

»Psychoanalyse hinter dem Eisernen Vorhang« – der Titel mag ebenfalls
verschiedene Interpretationen zulassen. Gemeint ist damit zunächst das
Schicksal der Psychoanalyse in den Ländern des ehemaligen »Ostblocks«.
Aber metaphorisch und in einem allgemeinen Sinn kann man auch an die
»Eisernen Vorhänge« denken, die um die Psychoanalyse selbst und innerhalb von ihr errichtet wurden. Solche undurchlässigen »Eisernen Vorhänge« und »Berliner Mauern« sind ziemlich häufig zwischen der Psychoanalyse und anderen Disziplinen, verschiedenen theoretischen Strömungen
und unterschiedlichen therapeutischen Praktiken errichtet worden. Es blieben oft nur sehr beschränkte »Checkpoints Sigmund« offen, über die Ideen
und Erfahrungen ausgetauscht werden konnten. Der Eiserne Vorhang zwischen »Ost« und »West« war zudem eine Teilung, die für lange Zeit auch
die historischen Zentren der Psychoanalyse voneinander trennte: Budapest
von Wien, Berlin von Berlin. Der tschechische Schriftsteller Milan Kundera beschrieb Zentraleuropa, den Geburtsort der Psychoanalyse als einen

»gekidnappten Okzident«, als »ein Stück des lateinischen Westens, das unter russische Vorherrschaft gefallen ist […] das geographisch im Zentrum liegt, kulturell zum Westen und politisch zum Osten gehört« (Kundera 1984, 33ff.; meine Übersetzung, H. K.).

Über diese politische, ideologische und geografische Teilung hinaus hat die Psychoanalyse jedoch während ihrer mehr als hundertjährigen Geschichte ihre eigenen, inneren, tiefverankerten »Eisernen Vorhänge« errichtet. Wenn wir also das Schicksal der Psychoanalyse »hinter dem Eisernen Vorhang« begreifen wollen, müssen wir uns auch einige Schwierigkeiten vor Augen führen, die zum Teil aus dem gegenwärtig problematischen Status der psychoanalytischen Historiografie erwachsen.

In einem kürzlich erschienenen Aufsatz fragen Elizabeth Young-Bruehl und Murray Schwartz: »Warum hat die Psychoanalyse keine Geschichte?« (Young-Bruehl/Schwartz 2008). Sie argumentieren, dass die Psychoanalyse zwar viele *Geschichten*, aber keine *Geschichte* hat. Sie sehen die hauptsächliche Ursache für dieses »Fehlen von Geschichte« in der Zersplitterung des Fachs, in den weitreichenden Meinungsverschiedenheiten und den inneren Spaltungen, die nahezu seit ihren Anfängen für die Wissenschaft der Psychoanalyse charakteristisch waren. Sie unterstreichen, »dass die Psychoanalyse als wissenschaftliche Disziplin bisher nicht in der Lage war ein kollektives historisches Bewusstsein zu entwickeln, das sich als solches versteht. Dabei geht es um eine *Traumageschichte*, ein sich wiederholendes Muster von Spaltungen und daraus folgenden Verzerrungen. […] Die bisher existierenden Geschichten der Psychoanalyse enthalten keine Reflektion über die Form und die Funktion von Narrativen. Sie haben nicht wirklich den Status von Geschichte im eigentlichen Sinn. Sie stellen vielmehr, wie die Geschichte der Psychoanalyse selbst, verschiedene Arten oft tendenziöser Fragmente dar.« (Young-Bruehl/Schwartz 2008)

Aus den vorhandenen Geschichten der Psychoanalyse möchte ich in einer vorläufigen Weise zwei Hauptströmungen unterscheiden, die zwei grundsätzlich verschiedenen Paradigmen folgen. Die erste möchte ich das Paradigma der *internen Geschichte* nennen. Es wird im Wesentlichen, aber nicht ausschließlich durch die Psychoanalytiker selbst repräsentiert, die ihre Ideen und Bemühungen in eine historische Dimension einordnen möchten. Der klassische Typ dieser »internen Geschichten« ist die *Biografie*. Biografien können aus der Perspektive des heroischen Kampfes einer Person (wie zum Beispiel Freud) um Anerkennung und schlussendlichen Sieg seiner Ideen geschrieben werden, wie es Ernest Jones in seiner klassischen Arbeit tat. Sie können aber auch aus der Perspektive der »Stiefkinder«, der Opfer von Intrigen und Ausschlussprozessen innerhalb der psychoanalytischen Bewegung, entstehen (wie zum Beispiel bei Otto Gross, Wilhelm Stekel, Wilhelm Reich, Sabina Spielrein, Otto Rank, Sándor Ferenczi und anderen). Autobiografien, Biografien, Briefwechsel, Tagebücher, Archiv- und Bibliotheksdokumente, Erinnerungen von Patienten, Familienmitgliedern, Freunden und mündlich überliefertes Material wie Interviews und andere Dokumente können als Grundlage für die Rekonstruktion der »internen Geschichte« dienen. Dazu gehören Berichte über das Leben einzelner Psychoanalytiker, ihre persönlichen Beziehungen (wie zwischen Freud und Ferenzci), ihr Verhältnis zur Umwelt, Berichte über die Gruppendynamik innerhalb der psychoanalytischen Bewegung, über die Entwicklung und den Austausch theoretischer Vorstellungen und psychoanalytischer Techniken (vgl. Haynal et al. 2005). Das größte Problem beim Paradigma der »internen Geschichte« ist die Glaubwürdigkeit, Zuverlässigkeit und Genauigkeit der schriftlichen und mündlichen Quellen, ihre unvermeidbare Subjektivität. Während früher die »internen Geschichten« häufig verehrungsvoll ausfielen, sehen wir heute eine wachsende Zahl »kritischer Biografien« und anderer Rekonstruktionen, die sich der inzwischen häufiger zugänglichen Quellen bedienen und sich bemühen, mit philologischer Genauigkeit diese Quellen einer kritischen Überprüfung zu unterziehen.

Das andere Paradigma möchte ich als »Paradigma einer Soziologie des Wissens« bezeichnen. Es wird gewöhnlich von Historikern, Philosophen, Soziologen und anderen »Außenseitern« vertreten, die die Entstehung und Verbreitung der Psychoanalyse im Sinn von Karl Mannheim als Antwort auf die intellektuellen, kulturellen und sozialen Herausforderungen der Zeit verstehen, als eine Antwort auf die Identitätskrisen (die Krisen der sozialen, persönlichen, ethnokulturellen und Geschlechtsidentitäten), die so charakteristisch für die *Lebenswelt* [dt. in der engl. Fassung] *des fin de siecle* der europäischen Bourgeoisie – besonders der Bourgeoisie der österreich-ungarischen Monarchie – waren. Im Spiegel des Paradigmas der »Soziologie des Wissens«, wie in den Werken von Carl Schorske (Schorske 1994), Jacques le Rider (Le Rider 1990) und Anderer erschien die Psychoanalyse als die bedeutendste intellektuelle Strömung der Moderne. Sie war eine höchst kreative, innovative Bewegung dieses *Projekts Moderne*, die an den Rändern außerhalb der traditionellen, offiziell anerkannten, akademischen Zirkel und Institutionen entstand und sich entwickelte.

Der Tradition Mannheims folgend, richtete sich der Blick der modernen Geschichtsschreibung vor allem auf die Bildung von politischen, religiösen, nationalen und ethnischen Mythen bei Gruppen auf interpersonaler Ebene. Sie versucht, Mythen und Gegenmythen über Personen, Ereignisse und Prozesse in der politischen und in der kulturellen Geschichte, ebenso wie in der Geistesgeschichte zu dekonstruieren. Wie wird das Leben und Werk von Psychoanalytikern zu einem Mythos? Wie werden sie zum Objekt von kultischem Respekt und Bewunderung bei den Anhängern und Schülern – und zu einer diabolischen Gestalt für die Feinde? Quasi-Religiöse Verehrung des »großen Mannes« ist ein oft zu beobachtendes Phänomen in Literatur, Politik und Wissenschaft. Sie hat verschiedene politische und ideologische Funktionen. Diese Funktionen mögen helfen, das ganze Unterfangen zu legitimieren, den inneren Zusammenhalt und die Gruppenidentität der »Kultusgemeinde« zu stärken und die Gruppe gegen äußere Gefahr und äußeren Druck zu schützen (vgl. Erös 2003; 2004).

Als Bewegung war die Psychoanalyse immer für Mythenbildung und die Schaffung von Legenden anfällig: einmal wegen offensichtlich sozialer Gründe (die Notwendigkeit sich gegen äußere und innere Gefahren zu schützen), zum anderen spielen Bedingungen, die in der Natur der Therapie begründet sind, eine Rolle, insofern als sie sich mit individuellen und kollektiven Geheimnissen und Phantomen beschäftigt. Die kultischen Funktionen können sich auf verschiedene Weisen äußern, wie zum Beispiel in der Ritualisierung der Weitergabe des Wissens und durch »Biografie als Leidenschaft«. Damit sind Versuche gemeint, die ein homogenes, kohärentes, biografisches Narrativ herstellen wollen, in dem alle lebensgeschichtlichen Momente sich um das zentrale Thema die zentrale Leidenschaft des großen Mannes gruppieren. Wenn wir so die Struktur der Mythenbildung in der Psychoanalyse und über sie untersuchen, können wir außerdem viel darüber lernen, wie Ideen entstehen und wie sie sich in wechselnden sozialen Zusammenhängen auswirken.

Natürlich ist es sehr schwierig, zwischen »wahrer Geschichte« und Mythologie zu unterscheiden, da die psychoanalytischen Mythologien, wie alle Mythologien, auch aus Teilen von Realität konstruiert sind. Andererseits gibt es, wie uns Philosophen und Historiker – zum Beispiel die Werke von Paul Ricoeur (Ricoeur 2004), Haydn White (White 1966) und Dominick LaCapra (LaCapra 1987) und anderen – lehren, keine scharfen Grenzen zwischen wissenschaftlicher Geschichtsschreibung und Fiktion. Die Vergangenheit wiederzugeben, ist notwendigerweise eine narrative Rekonstruktion. Die Beziehung zwischen Fakt und Fiktion, Realität und Mythologie ist in Bezug auf die Psychoanalyse jedoch ein besonders komplexes Problem, da diese sich wesentlich mit der Beziehung zwischen Fakt und Fiktion, Realität und Phantasie in der persönlichen Geschichte des Menschen befasst. In der Geschichte der Psychoanalyse war es Sigmund Freud, der als erster das Konzept der psychischen Realität eingeführt und damit die Wahrheit des inneren subjektiven Erlebens ins Recht gesetzt und von der objektiven »externen« Realität unterschieden hat. Später entwickelte und erweiterte Freud diese Idee zu seiner Auffassung über die Ursprünge kollektiver Mythen und Traditionen. In *Der Mann Moses und die monotheistische Religion* versucht Freud zu zeigen, wie unbewusste Erinnerungsspuren und verdrängte Traumen eine religiöse Tradition formen. Freuds Arbeit über Moses war einer der Ursprünge des Konzepts der »Mnemotechnik«, das von dem deutschen Ägyptologen Jan Assmann (Assmann 1997) und der Literaturkritikerin und Kulturanthropologin Aleida Assmann entwickelt wurde. Dieses Konzept geht auf Freuds Konzeptualisierung des Gedächtnisses, auf Mannheims Ideologiekonzept, auf das Konzept von Maurice Halbwachs über das soziale Gedächtnis und auf Gadamers Hermeneutik zurück. Es ermöglicht, den traditionellen Gegensatz zwischen dem Paradigma der »internen Geschichte« und den Paradigmen der »Soziologie des Wissens« zu überwinden.

Mnemotechnik beschäftigt sich sowohl mit dem konstruktiven als auch mit dem verzerrenden Einfluss des Gedächtnisses. Sie berücksichtigt die Ambivalenz gegenüber der Vergangenheit im Sinne einer bewussten Wahl, aber auch als unbewusste Bürde, die die Wege der Erinnerung vorsätzlich, aber auch unwillkürlich bestimmt. Während die Aufgabe der traditionellen Geschichtsschreibung darin besteht, Erinnerung (deren mythische Elemente) von Geschichte (als faktischer Wahrheit) zu unterscheiden, ist es die Aufgabe der Mnemotechnik die mythischen Elemente der Tradition zu analysieren und ihr verdecktes Programm aufzudecken. (J. Assmann 1992)

Das Schlüsselkonzept der Mnemotechnik ist das kollektive und kulturelle Gedächtnis, wie Aleida Assmann darlegt:

> Institutionen und größere soziale Gruppen wie Nationen, Regierungen, die Kirche oder eine Firma »haben« kein Gedächtnis – sie »machen« sich selbst eines mit Hilfe von Erinnerungszeichen (memorial signs) wie Symbolen, Texten, Bildern, Riten, Zeremonien, Orten und Monumenten. Mit solcher Art von Erinnerungen »konstruieren« diese Gruppen und Institutionen eine Identität.

Sie fährt fort, »dieses Gedächtnis basiert auf Selektion und Exklusion. Es unterscheidet genau zwischen nützlichen und nutzlosen, relevanten und irrelevanten Erinnerungen. Daher ist jedes kollektive Gedächtnis ein vermitteltes Gedächtnis.« Das kollektive Gedächtnis

> ist ein Oberbegriff für verschiedene Gedächtnisformate, die voneinander unterschieden werden müssen wie zum Beispiel das Familiengedächtnis, das Gruppengedächtnis und das soziale, politische, nationale und kulturelle Gedächtnis. Interaktives Gedächtnis und soziales Gedächtnis sind zwei Formate, die in gelebte Erfahrung eingebettet sind und mit ihren Trägern verschwinden. Im Gegensatz dazu gründen sich die Manifestationen des politischen und kulturellen Gedächtnisses auf dauerhafte Träger externer Symbole und Repräsentationen. Um das ephemere soziale Gedächtnis in ein dauerhaftes kollektives Gedächtnis zu transformieren, das dann von Generation zu Generation weitergegeben werden kann, muss es ausgearbeitet und in verschiedenen Formen organisiert werden. Dazu gehören: Die Gestaltung von Ereignissen durch affektiv aufgeladene und emotional mobilisierende Narrative; visuelle und verbale Zeichen, die als Erinnerungshilfen dienen; Institutionalisierung von Lehre und Lernen und Verbreitung über Massenmedien; Gedenkstätten und Monumente mit greifbaren Relikten; Erinnerungsrituale, die das Gedächtnis in regelmäßigen Abständen auffrischen und kollektive Teilnahme einfordern. Auf diese Weise mit äußeren Symbolen verbunden, kann das kollektive Gedächtnis von einer Generation an die andere weitergegeben werden. Das kulturelle Gedächtnis einer Gesellschaft basiert auf Institutionen wie Bibliotheken, Museen, Archiven, Monumenten, Erziehungseinrichtungen, den Künsten, aber auch auf Zeremonien und öffentlichem Gedenken. Während Formen sozialen Gedächtnisses kurzlebig sind, weil sie an die direkte Kommunikation gebunden sind, sind die Formate politischen und kulturellen Gedächtnisses für langfristigen Gebrauch bestimmt und werden von einer Generation auf die andere übertragen. (A. Assmann 2008; Übersetzung H. K.)

Ich denke, es könnte besonders interessant sein, die Geschichte der Psychoanalyse unter der Perspektive und im Rahmen der Mnemotechnik zu untersuchen. Beide Formen sozialen Gedächtnisses spielen in der Psychoanalyse eine wichtige Rolle: die direkte (soziale, interaktive, kommunikative) und die indirekte (kulturelle). Wie wird Tradition durch persönliche und Gruppeninteraktionen unter Psychoanalytikern geschaffen? Wie wird Tradition von einer Generation an die nächste weitergegeben? Wie wird Tradition modifiziert und transformiert? Was geht verloren? Was wird hinzugefügt, verzerrt oder geht im Prozess der Transformation verloren? Wie wird kommunikatives Gedächtnis in kulturelles Gedächtnis transformiert, in das kulturelle Gedächtnis der Psychoanalytikergenerationen und in soziale und kulturelle Repräsentationen der Psychoanalyse in der Öffentlichkeit und in verschiedenen Zeitepochen? Welche Rolle spielen Gedenkfeiern, Konferenzen, Ausstellungen, kulturelle Darbietungen (wie Filme, Literatur, Theater und so weiter) für das Überleben psychoanalytischer Traditionen? Welche Bedeutung haben spezielle Orte wie Wien, Berlin oder Budapest als Symbole des kulturellen Gedächtnisses? Welche Rolle haben Freud-Museen wie in Wien oder London (vgl. György 2006; Molnar 2006)?

Diese und ähnliche Fragen sind für sich genommen interessant, aber sie werden noch spannender, wenn sie mit dem Traumakonzept in Beziehung gesetzt werden. Trauma und Gedächtnis sind, wie wir von Freud wissen, eng miteinander verbundene Konzepte und zwar sowohl auf persönlicher Ebene, als auch im Bezug auf Ursprung und Entwicklung der Kultur. Ebenso haben Traumafolgen eine wichtige Rolle in der »internen Geschichte« der Psychoanalyse gespielt (die großen Schismen und Spaltungen, zum Beispiel der Bruch mit Jung, die Debatte in den 1920er Jahren um das »Trauma der Geburt«, die Höhepunkte und die Abgründe der Beziehung zwischen Freud und Ferenczi). Es scheint, als sei das Durcharbeiten dieser Traumen ein kontinuierlicher Prozess, der noch lange nicht beendet ist, obwohl die Begebenheiten selbst längst zum kulturellen Gedächtnis gehören (im Sinne Assmanns).

Abgesehen von ihren internen traumatischen Geschichten war die Psychoanalyse immer auch besonders empfindlich für Traumen, die in der äußeren Welt geschahen. Die großen historischen Ereignisse des 20. Jahrhunderts beeinflussten, manchmal auf traumatische Weise, nicht nur persönliche Schicksale von Psychoanalytikern und die Umgestaltung der psychoanalytischen Bewegung, sondern ebenso die Entwicklung der Theorie. Der Erste Weltkrieg und die folgenden Revolutionen und Konterrevolutionen bedeuteten das Ende des liberalen Zeitalters und des »klassischen« bürgerlichen Individuums. Diese Zeit brachte neue Hoffnungen für die Umsetzung von psychoanalytischer Utopie hervor: die Heilung von Neurosen in großem Umfang und die Abschaffung psychischer Unterdrückung in einer nichtrepressiven, »klassenlosen« Gesellschaft. Aber auf der anderen Seite wurde die Tür für einen ultrapessimistischen, an Nietzsche orientierten Blick auf die Welt des Todestriebs, für eine Psychologie der destruktiven Massen, in denen Führersubstitute als Vaterersatz auftreten, oder auch für Ferenczis Konzept der »thalassischen Regression« in die anorganische Welt geöffnet. Hitlers Sieg 1933 und das Exil vieler Psychoanalytiker waren der endgültige Schicksalsschlag für die klassische, zentraleuropäische Psychoanalyse und ihr kulturelles Umfeld, das mit dem Holocaust für immer unterging. In den Jahrzehnten nach dem Zweiten Weltkrieg verschwand nach und nach der ödipale Vater (der »große Andere« mit den Worten Slavoj Zizeks; Zizek 1997). Der leere Platz des Vaters wurde vom Namen des Vaters mit dem Phallus als Symbol eingenommen. Die freudsche Triebtheorie wurde durch die strukturelle, linguistische lacanianische Theorie ersetzt und zusammen mit der Objektbeziehungstheorie haben sie den klassischen freudianischen Paternalismus obsolet gemacht. Auf den bösen Vater folgten »the good enough mothers«.

Aber verschwand »der große Andere« wirklich? Vielleicht verschwand er, aber das Trauern hält an. Ich denke, dass dieser unvollständige Trauerprozess und die zugehörige Schuld in den Debatten über die »Psychoanalyse hinter dem Eisernen Vorhang« sein Unwesen treibt. Er ist für den Mythos verantwortlich, die Psychoanalyse sei immer auf der »guten« Seite und immer Garant der Freiheit gewesen. Dabei sei sie konsequenterweise von Diktaturen und totalitären Regimes verfolgt worden. Ich glaube, das Bild ist komplizierter. Wenn wir verstehen wollen, was mit der Psychoanalyse in den Ländern des »real existierenden Sozialismus« geschehen ist und warum, müssen wir bis in die Zeit nach dem Ersten Weltkrieg zurückgehen. Die Unterdrückung der Psychoanalyse war ursprünglich das merkwürdige Produkt eines »Kulturkampfes« [dt. im engl. Original] zwischen Rationalisten und Irrationalisten, demokratischen und totalitären, rechten und linken, kollektivistischen und individualistischen Ideologien im Europa der 1920er und 1930er Jahre. Die Psychoanalyse bot an der Schnittstelle unterschiedlicher, häufig völlig unvereinbarer Ideologien eine gute Projektionsfläche, die kontroverse Lesarten und Interpretationen provozierte. Lassen Sie mich ein Beispiel geben. Der ungarische marxistische Philosoph Georg Lukács war sein Leben lang ein Feind der Psychoanalyse. In seinem berühmten Werk *Geschichte und Klassenbewusstsein* (1922) war die Kritik des Psychologismus eines seiner Leitmotive. Er attackierte den »Freudianismus« und besonders Freuds Massenpsychologie auch in verschiedenen anderen Schriften. Etwa 20 Jahre später, Ende der 1940er Jahre, hatte Lukács als eine der Hauptautoritäten der marxistischen Ideologie dieser Zeit eine entscheidende Rolle bei der Kampagne gegen die Psychoanalyse in Ungarn inne. 1954 veröffentliche er sein anderes Werk *Die Zerstörung der Vernunft*, in dem er Freud als repräsentativen Denker des modernen Irrationalismus bezeichnet. Er bringt ihn mit dem Geist Schopenhauers und mit Nietzsches Lebensphilosophie in Verbindung und stellt ihn somit in die Reihe der Vorläufer der Ideologie des Faschismus.

Andererseits hatte Lukács auf indirekte Weise große Bedeutung für das Überleben und die Ausbreitung psychoanalytischer Ideen. Die Begründer der kritischen Theorie der Frankfurter Schule wie Max Horkheimer oder Theodor Wiesengrund Adorno haben grundlegende Anregungen durch Lukács (und Karl Korsch) erhalten, als sie versuchten, den »missing link« zwischen den objektiven Bedingungen der Arbeiterklasse und dem Klassenbewusstsein zu finden. Durch Heranziehen der Psychoanalyse glaubten sie, eine Antwort auf die faszinierende Frage zu finden: Warum sind die revolutionären Bewegungen nach dem Ersten Weltkrieg in Deutschland, Österreich und Ungarn gescheitert? Warum handelten die Massen gegen ihre objektiv eigenen Interessen, das heißt, warum schlossen sie sich rechtsextremen Bewegungen und Parteien an, statt zu versuchen, die existierenden Produktionsverhältnisse zu ändern? Das Konzept der autoritären Persönlichkeit oder des sadomasochistischen Charakters, die in der kritischen Theorie entwickelt wurden, dienten als tiefenpsychologische Begründungen für den Faschismus als Massenbewegung (vgl. Jay 1973).

Wilhelm Reich, einer der Initiatoren des Konzepts des autoritären Charakters, schrieb in seiner Arbeit *Dialektischer Materialismus und Psychoanalyse*: »Die Psychoanalyse hat eine Zukunft nur im Sozialismus.« Diese Prophezeiung erschien 1929 im Komintern-Journal *Unter dem Banner des*

Marxismus. Zu dieser Zeit war die Psychoanalyse in der Sowjetunion schon untergegangen. Auf traumatische Weise war sie von der wissenschaftlichen und kulturellen Szene der Sowjetunion nahezu vollständig verschwunden. Nur ein Jahr später, 1930, wurde die Russische Psychoanalytische Gesellschaft aufgelöst. Ihre einflussreichsten Mitglieder hatten die Vereinigung schon früher verlassen. So emigrierte beispielsweise Moshe Wulff 1927 über Berlin nach Palästina. Sabina Spielrein ging von Moskau in die Provinz, in ihre Geburtsstadt Rostow. Dort wurde sie 1941 mit ihrer Familie von den Nazis ermordet. Die herausragendsten Schüler der Vereinigung, Alexander Lurija und Lev Vygotskij, hatten schon andere Wege eingeschlagen wie zum Beispiel die Pedologie, die jedoch wenige Jahre später, 1936, ebenfalls verurteilt und verfolgt wurde (vgl. Etkind 1996).

Wilhelm Reichs bemerkenswerte Blindheit für die tatsächlichen Ereignisse in der Sowjetunion kann nicht nur mit seiner persönlichen Naivität erklärt werden. Es handelt sich hier um die Naivität einer ganzen Generation von Psychoanalytikern und anderen Intellektuellen in Russland und außerhalb, die ernsthaft glaubten, die Psychoanalyse könne in der einen oder anderen Form zur Bildung des »neuen Menschen« der klassenlosen Gesellschaft sowie zur Heilung und Prävention von Neurosen in großem Maßstab beitragen. Ihre Begeisterung schien durch die tolerante und zum Teil sogar unterstützende Haltung der sowjetischen Autoritäten gegenüber der Psychoanalyse, zumindest in einigen Bereichen wie zum Beispiel bei Vera Schmidts psychoanalytischem Kindergarten, der den Namen »Internationale Solidarität« trug, gerechtfertigt. Stalins Sieg über Trotzki und die Trotzkisten in den späten 1920er Jahren war der Todesstoß für die Entwicklung der Psychoanalyse in der Sowjetunion – wie für die vielen anderen wissenschaftlichen, kulturellen und künstlerischen Strömungen.

In Nazideutschland war die Psychoanalyse ebenfalls der große Verlierer. Gerade habe ich Wilhelm Reich zitiert, der 1929 verkündete, dass die Psychoanalyse nur im Sozialismus eine Zukunft habe. Ähnlich behaupteten nach 1933 nichtjüdische Psychoanalytiker der DPG wie Carl Müller-Braunschweig, Felix Boehm und andere mit Unterstützung durch Ernest Jones und weitere führende IPA-Mitglieder, dass die Psychoanalyse auch im Nationalsozialismus eine Zukunft habe. Sie meinten, die Nazis seien nicht gegen die Psychoanalyse als solche, sondern nur gegen das »jüdische Element« in ihr. Oder wie Müller-Braunschweig formulierte, die Psychoanalyse sei nicht undeutsch und, richtig angewandt, dazu fähig, aus untauglichen Schwächlingen energische Menschen zu machen, die ihr Leben selbst in die Hand nehmen (Zaretsky 2006, 327). Die Blindheit der nicht-jüdischen deutschen Analytiker und der IPA-Führer war nicht bloß naiv, sondern vielmehr zynisch und opportunistisch. Schließlich war es von Anfang an klar, dass die Nazis sich nicht damit zufriedengeben würden, die jüdischen Mitglieder aus der deutschen Gesellschaft auszuschließen. Tatsächlich gingen die Reste der deutschen Gesellschaft in das so genannte Göring-Institut über und führten dort für eine Reihe von Jahren eine Schattenexistenz. Die Nazis ihrerseits hatten ihre eigene Vorstellung vom »neuen Menschen«, der absolut inkompatibel mit der freudschen Psychoanalyse war, selbst wenn einige Elemente der psychoanalytischen Technik (wie zum Beispiel die Behandlung von Kriegsneurosen) ihren Interessen gedient haben könnten.

Nach dem Zweiten Weltkrieg jedenfalls kamen zumindest in Ungarn Hoffnungen auf, dass die Psychoanalyse im Sozialismus eine Zukunft haben könnte, wenn auch nicht ganz im Sinn von Wilhelm Reichs Prophezeiung aus dem Jahre 1929. Aber das Trauma aus den späten 1920er Jahren in der Sowjetunion wiederholte sich. 1948 veröffentliche der ungarische Psychiater Dr. István Tariska einen Artikel mit dem Titel »Psychoanalyse, die Hauspsychologie des Imperialismus«. Der Artikel wurde in einer Zeitschrift veröffentlicht, deren Herausgeber zur damaligen Zeit Georg Lukács war. Zwei Mitglieder der Ungarischen Psychoanalytischen Vereinigung, Imre Hermann und Lilly Hajdú-Gimes, unterschrieben einen Brief an Lukács, in dem sie betonten, dass sie in vielen Punkten der Kritik absolut zustimmten und dass sie es für notwendig hielten, diese Kritik im Geiste des Marxismus/Leninismus fortzuführen. Die Autoren des Briefes zweifelten nicht daran, dass die Imperialisten in ihren eigenen Ländern versuchen würden, sich die Psychoanalyse dienstbar zu machen. Aber das sei nur durch eine Verzerrung der Theorie möglich. Hermann und Hajdú-Gimes unterstrichen, dass sie als überzeugte Kommunisten den Vorstellungen der Partei in allen Bereichen immer redlich gefolgt seien, einschließlich der Psychoanalyse. Trotzdem protestierten sie gegen eine Behauptung Tariskas, nach der die einzige Erklärung für die Tatsache, dass Analytiker zusammen mit den Kommunisten oder als Kommunisten nach dem Krieg auftraten, die war, dass sie Juden waren. In seiner Antwort erklärte Lukács, dass es vor dem Krieg viele Leute gegeben habe, die mit den Regimen von Horthy, Szálasi und Hitler unzufrieden waren. Aber für die meisten von ihnen hatte die Unzufriedenheit vornehmlich damit zu tun, dass sie anstelle dieser Form von Diktatur eine Klassendiktatur nach angloamerikanischer Art herbeisehnten. Sehr verständlich, weil Hitlers Unterdrückungsmaschinerie keine Psychoanalyse benötigte, die von Truman sie jedoch sehr gut nutzen könnte (die vollständige Dokumentation dieses Austauschs ist von György Szöke auf Ungarisch 1992 publiziert worden).

»Der große Andere«, in diesem Fall repräsentiert durch Georg Lukács, kastriert seine »Kinder« als Psychoanalytiker, als Kommunisten, als Juden aufs Neue. Dieses ambivalente Erbe verfolgt uns immer noch. Auch wenn der Eiserne Vorhang zerstört ist, hoffentlich für immer.

Übersetzung aus dem Englischen: Helga Kremp-Ottenheym

Literatur

Assmann, Aleida (2008): »Transformations between History and Memeory«. In: *Social Research: An international Quarterly of Social Sciences*, 75, 1: 49-72.

Assmann, Jan (1992): *Das kulturelle Gedächtnis. Schrift, Erinnerung und politische Identität in frühen Hochkulturen.* München: Beck.

Assmann, Jan (1997): *Moses the Egyptian. The Memory of Egypt in Western Monotheism.* Cambridge, Mass.: Harvard University Press.

Erös, Ferenc (2003): »Einige Strukturanteile des ›Ferenczi-Mythos‹«. In: *Integrative Therapie*, 29: 304-315; (2004): »The Ferenczi cult: its historical and political roots«. In: *International Forum of Psychoanalysis*, 13: 121-128.

Etkind, Alexander (1996): *Eros des Unmöglichen. Die Geschichte der Psychoanalyse in Russland.* Leipzig: Kiepenheuer.

György, Péter (2006): *The memory of Freud – in two cities.* Vortrag gehalten auf dem Symposium des Austrian Cultural Forum of Budapest »Disturbing the Sleep of the World« zum 150. Geburtstag von Sigmund Freud, Juni 2006.

Haynal, André; Falzeder, Ernst; Roazen, Paul (Hrsg.) (2005): *Dans les secrets de psychanalyse et son histoire.* Paris: PUF.

Jay, Martin (1973): *The Dialectical Imagination. A History of the Frankfurt School and the Institute of Social Research, 1923–1950.* London: Beacon Press.

Kundera, Milan (1984): »The Tragedy of Central Europe«. In: *New York Review of Books*, 26: 33-38.

LaCapra, Dominick (1987): »History and Psychoanalysis«. In: *Critical Inquiry*, 13: 222-251.

Le Rider, Jacques (1990): *Das Ende der Illusion. Die Wiener Moderne und die Krisen der Identität*. Wien: Österreichischer Bundesverlag.

Molnar, Michael: *Death and the Museum: 150 years of memories*. Vortrag gehalten auf dem Symposium des Austrian Cultural Forum of Budapest »Disturbing the Sleep of the World« zum 150. Geburtstag von Sigmund Freud, Juni 2006.

Ricoeur, Paul (2004): *Gedächtnis, Geschichte, Vergessen*. München: Fink.

Schorske, Carl E. (1994): *Wien. Geist und Gesellschaft im Fin de Siècle*. München/ Zürich: Piper.

Szöke, György (1992): »Egy jövö illúziója« (Illusionen einer Zukunft). In: *Köztársaság*, 1, 32: 42-43.

White, Haydn (1966): »The burden of history«. In: *History and Theory*, 5.2: 111-134.

Young-Bruehl, Elizabeth; Schwartz, Murray (2008): *Why Psychoanalysis has no history?* Gardiner Lecture, Yale University, unveröffentlichtes Manuskript.

Zaretsky, Ely (2006): *Freuds Jahrhundert*. Wien: Paul Zsolnay.

Zizek, Slavoj (1997): »The Big Other doesn't exist«. In: *Journal of European Psychoanalysis*, 5.

Judit Mészáros

Die Psychoanalyse
als »die private Psychologie des Imperialismus«

Die kleine Ungarische Psychoanalytische Vereinigung hat während des 20. Jahrhunderts mehrfach eine erstaunliche Fähigkeit zur Wiederbelebung bewiesen. Bis 1945 überstand sie drei Krisen: zwei Emigrationswellen, ausgelöst durch unterschiedliche soziopolitische Kräfte von 1919 bis 1920 und zwischen 1938 und 1941, ebenso wie die Kriegszerstörungen, den ungarischen Nazismus, Zwangsarbeit und zwischen 1941 und 1945 die Shoa. Überlebende Mitglieder der Vereinigung begannen, ihre Verluste mit einem Ethos des Wiederaufbaus und dem Wunsch nach Aktivität zu überwinden. 1992 erschien eine Veröffentlichung mit dem treffenden Titel *Die Illusion einer Zukunft*, ein Band mit den ersten Dokumenten des ideologischen Kriegs, der schließlich 1949, vier Jahre nach dem Weltkrieg, zur Auflösung der Vereinigung geführt hatte.

Was geschah, warum und wie?

Im Bemühen, diese Fragen zu beantworten, habe ich verschiedene Quellen herangezogen: Dokumente, die sich in ausländischen Archiven befinden, Unterlagen über die Verhöre der beiden Psychoanalytiker István Schönberger-Székacs und András József, die 1953 von der ungarischen Geheimpolizei, der ÁVH, wegen angeblicher Spionage verhaftet wurden, und von mir geführte Interviews. Ich vertraue darauf, dass sie dabei helfen werden, die hochkomplexe Natur der historischen Periode zu klären, die letztendlich das Schicksal der Psychoanalyse in Ungarn bestimmte, und nehme die Aufgabe in Angriff, zu ihrer Erforschung beizutragen.

Die Ungarische Psychoanalytische Vereinigung 1945 in Ungarn

Vor Ausbruch des Zweiten Weltkriegs bestand die ungarische Vereinigung 1939[1] aus 28 Mitgliedern und drei außerordentlichen Mitgliedern.[2] Fünf von ihnen emigrierten in den folgenden Jahren: Róbert Bak, Sándor Feldmann, Fanny Hann Kende, Klára Lázár und Géza Róheim. Die gleiche Anzahl starb in den deutschen Konzentrationslagern oder wurde von ungarischen Nazis ermordet: Zsigmond Pfeiffer, László Révész, Géza Dukes, Erzsébet Kardos (Endre Petős erste Frau) und Mihály József Eisler.

Während des Krieges waren keine weiteren Daten verfügbar. 1944 zeigte die ungarische Vereinigung, ebenso wie die meisten europäischen Vereinigungen wie die dänische, niederländische, französische und schweizerische, kaum ein Lebenszeichen.[3] 1946 hatte die Ungarische Psychoanalytische Vereinigung 17 Mitglieder und 6 Kandidaten.[4] Es wird vermutet, dass István Hollós, der Präsident der Vereinigung, ein Jahrzehnt nach Ferenczis Tod, den Vorsitz an Endre Almásy, der kein Jude war, übergab, nachdem die Deutschen Ungarn besetzt hatten. Aufgrund dieser Maßnahme und Almásys Bereitschaft, Risiken zu übernehmen, war die ungarische Vereinigung als einzige unter den psychoanalytischen Vereinigungen Mitteleuropas in der Lage, während der deutschen Besatzung ihre rechtliche Kontinuität zu bewahren. Nach Kriegsende übernahm Imre Hermann den Vorsitz von Almásy und hatte von 1945 bis 1946 die Präsidentschaft inne. Danach, von 1947 bis zum 8. Februar 1949, als sich die Vereinigung auflöste, führte Lilly Hajdú den Vorsitz.

Im Frühjahr 1945 krempelte die ungarische Vereinigung gemeinsam die Ärmel hoch. Viele der Analytiker hatten Familienmitglieder verloren. Lilly Hajdú selbst betrauerte ihren Mann, Miklós Gimes, Endre Pető trauerte um seine Frau, Erzsébet Kardos. Der Tod von Eltern, Brüdern, Schwestern, na-

---

[1] Laut der offiziellen Mitgliederliste, die für dieses Jahr an die Internationale Psychoanalytische Vereinigung geschickt wurde (s. *Int. J. Psa*).

[2] Interessanterweise wird Miklós Gimes von vielen als Kandidat der Vereinigung aufgeführt – unter ihnen Lívia Nemes und Pál Harmat (zitiert von Nemes) –, aber sein Name erscheint auf keiner einzigen offiziellen Liste, die an die IPV geschickt wurde (Nemes 1985).

[3] Siehe Mitgliederliste 1944.

[4] Siehe *Bulletin der Internationalen Psychoanalytischen Vereinigung* 1946, 27.

hen und entfernten Verwandten und Freunden neben vielem anderen hatte in der Tat ein traumatisches Gefühl der Leere entstehen lassen. Jedoch gab es, genau wie überall in Europa in diesen Jahren, weder Zeit noch Gelegenheit, darum zu trauern. Die kleine Gruppe von Analytikern begann, die Vereinigung wieder zu organisieren, so wie sie auch ihre Fachkenntnisse dort anbot, wo sie benötigt wurden.

Hoffnung auf gegenseitige Unterstützung: das Amerikanisch-Jüdische Gemeinsame Spendenkomitee[5] in Ungarn und die psychoanalytische Vereinigung

Zur ungarischen Vereinigung gehörte ein Mitglied, András Fisch (1902-1969), der Rabbiner und ausgebildeter Psychoanalytiker war und 1947 seinen Namen in András József änderte. Fisch wurde 1945 Leiter der Unterrichtsprogramme des Amerikanisch-Jüdischen Gemeinsamen Spendenkomitees, das in Ungarn aktiv war. Er leitete das Heimprogramm des Gemeinsamen Komitees ebenso, wie er die Aufsicht über 100 Tagesschulen und Internate, die als Wohnheime bekannt waren, führte. In den Heimen des Gemeinsamen Komitees wurde Kindern, die mindestens ein Elternteil verloren hatten, die Hoffnung vermittelt, dass sich ihr Schicksal zum Besseren wenden würde. Das Gemeinsame Komitee organisierte die Auswanderung nach Palästina, deckte Erziehung und Grundbedürfnisse traumatisierter Kinder ab und sorgte für psychologische Hilfe für diejenigen, die sie brauchten. Mit Fischs Hilfe entwickelte sich eine auf Gegenseitigkeit beruhende Zusammenarbeit zwischen dem Gemeinsamen Komitee und der psychoanalytischen Vereinigung. Mehrere Analytiker – Kata Lévy, Dr. Alice Hermann und Dr. Piroska Stein – hielten für das Personal des Gemeinsamen Komitees Vorträge über Erziehungsfragen.[6] Den Vernehmungspro-

---

[5] Das *American Jewish Joint Distribution Committee (JDC)* finanzierte und organisierte seit Kriegsende in Ost- und Mitteleuropa umfassende Hilfsprogramme für die Überlebenden der Shoa. Im Zuge des Kalten Krieges wurde das JDC 1953 aus Ungarn vertrieben (Anm. d. Übers.).

[6] Das Vernehmungsprotokoll enthält die Namen einer Anzahl von Personen, die Vorträge gehalten haben und vermutlich alle Analytiker waren, zum Beispiel

tokollen zufolge baten die Vorsitzenden der ungarischen Vereinigung das Gemeinsame Komitee um Unterstützung bei der Wiedereröffnung der Poliklinik und der Reorganisation ihrer Bibliothek. Zwischen den beiden Organisationen kam es zu einem vielversprechenden Treffen, aber sie hatten wenig Gelegenheit, daran anzuknüpfen.[7]

Die ÁVH ordnete 1953 die Verhaftung der beiden Analytiker an, um den ungarischen Ärzteprozess vorzubereiten. Ursprünglich war die Vorgängerorganisation, die ÁVO, eingerichtet worden, um nach Kriegsverbrechern zu fahnden, aber sie dehnte ihre Tätigkeit auf Personen aus, die sich bei Aktivitäten gegen die Sowjetherrschaft in Ungarn engagierten; dabei schreckte man nicht davor zurück, von falschen Zeugenaussagen und fingierten Anschuldigungen Gebrauch zu machen. Seit 1949 begann die kommunistische Partei, Abweichler zu vernichten, was unter der stalinistischen Diktatur ein gebräuchliches Verfahren war. 1953 wurde gegen die beiden Analytiker fälschlicherweise Anklage erhoben, gegen einen wegen Kollaboration mit den deutschen Besatzungstruppen bei der Deportation von Juden, Spionage und Beteiligung an der zionistischen Verschwörung.

Natürlich muss man überlegen, bis zu welchem Grad diese Unterlagen eine reale Grundlage haben, da häufig erzwungene Geständnisse benutzt wurden, um falsche Anschuldigungen zu untermauern. Aber viele der in diesen Unterlagen erwähnten biografischen Angaben werden durch andere Quellen bestätigt. Zum Beispiel erwähnt der Sekretär in einem Rechenschaftsbericht, der 1947 an die IPV gesendet wurde, dass »Dr. Fisch die Oberaufsicht über 100 Wohnheime des Amerikanischen Verteilungskomitees führt«. Niemand hätte sich vorstellen können, dass irgendeiner der ungarischen Psychoanalytiker nur wenige Jahre später wegen Kollaboration mit dem Zionismus angeklagt werden würde.

Dres István Molnár und István Kulcsár (Akte Nr. VI/74. V-111 788).

[7] Siehe András József, Vernehmungsprotokoll, 6. April 1953, Innenministerium der Volksrepublik Ungarn, Ermittlungsakte Nr. V – 111/788, 573f/10 (3/3), 7.

»Sie sind nicht vom Schicksal verlassen« (Róbert Bak, 1945) – Solidarität der internationalen psychoanalytischen Gemeinschaft: New York – London

Das Nothilfe-Komitee zur Unterstützung und Immigration, eine Organisation, die von amerikanischen Psychoanalytikern gegründet wurde, leistete einen unschätzbaren Beitrag, indem es über 150 europäische Analytiker nach dem »Anschluss« rettete. 1948 beendete das Komitee seine intensiven Bemühungen. Nach dem Krieg scheint ein neues Komitee nach dem Vorbild dieser Organisation gebildet worden zu sein. Es wurde »Hilfskomitee für die Ungarische Psychoanalytische Vereinigung« genannt, nahm in New York seine Arbeit auf und wurde von drei früheren ungarischen Psychoanalytikern geleitet.[8] Dr. Róbert Bak wandte sich als Sekretär des Komitees mit einem Brief an Dr. Ernst Kris und bat um finanzielle Unterstützung für die ungarischen Analytiker. Der Brief trägt kein Datum, aber der Inhalt deutet darauf hin, dass Bak den Brief 1945 geschrieben hat:

Lieber Dr. Kris,
während der vergangenen Wochen erhielten wir von den Überlebenden der Ungarischen Psychoanalytischen Vereinigung Informationen über die schrecklichen Verluste, die sie erlitten haben, und über den desolaten Zustand, in dem sie sich gegenwärtig befinden.
Einige Mitglieder wurden ermordet, einige wurden deportiert und gingen in deutschen Konzentrationslagern zugrunde, und einige fielen in der Schlacht um Budapest.
Die Übriggebliebenen und ihre Familien sind ohne ausreichende Nahrungsmittel, Kleidung und Wohnraum und nicht in der Lage, sich mit dem Allernötigsten zu versorgen. Sie haben fast ihren gesamten Besitz verloren, aber nicht ihren Mut und ihre Hingabe an unsere Wissenschaft. Sie schreiben mit großer Zurückhaltung über ihre Not, berichten aber, dass die Vereinigung sich alle 14 Tage trifft, dass die Forschung weiter geht und dass in der Öffentlichkeit Vorträge gehalten werden.
Seit Wochen haben wir schon ungeduldig auf eine Gelegenheit gewartet, um zu helfen, aber es war aussichtslos. Jetzt ist durch das große Entgegenkommen der Alliierten Kontrollkommission für Ungarn eine Botschaft von Dr. Imre Her-

---

8 Sándor Lóránd und Sándor Radó waren Präsidenten, Róbert Bak war Sekretär und Schatzmeister.

mann, dem Vorsitzenden der Vereinigung, an mich weitergeleitet worden. Er teilte mir offiziell mit, dass die Amerikanische Kommission ihre Zustimmung gegeben hat, dass ihnen Geldüberweisungen und Pakete zugeschickt werden können.

Die Analytiker ungarischer Herkunft sind ungeduldig, den Hauptanteil zu übernehmen, aber wir brauchen auch Ihre Hilfe. Wir wären für Ihre Großzügigkeit sehr dankbar. Aber auch ein geringer Beitrag von Ihnen würde für uns von großem Wert sein. Er würde helfen, ihnen das Gefühl zu vermitteln, dass sie nicht vom Schicksal verlassen sind und dass eine große und besorgte Gruppe von Kollegen bereit steht, ihnen zu helfen. Vielen Dank.

Mit vorzüglicher Hochachtung
Ihr
Dr. med. Robert C. Bak
Sekretär des Komitees

P. S. Es wird darum gebeten, die Schecks auf das Hilfskomitee für die Ungarische Psychoanalytische Vereinigung auszustellen. Ihre Spende ist steuerfrei.[9]

Nachdem die Amerikaner das Nothilfe-Komitee für Hilfsmaßnahmen und Emigration eingerichtet hatten, wurde von Jones 1938 in London der Ernest-Jones-Wiederaufbau-Fond gebildet. Eva Rosenfeld schrieb im März 1946 in Namen dieser Stiftung einen Brief an Bak und bat um seine Hilfe, um alle Mitglieder der psychoanalytischen Vereinigungen zu mobilisieren, ihren ungarischen Kollegen zu helfen.

Die 260 Dollar Unterstützung, die das Ergebnis der internationalen Anstrengungen waren, erreichten die Vereinigung. Siehe auch das Dankesschreiben vom 20. Juni 1946, das von Dr. Imre Hermann, dem Präsidenten und Dr. Endre Pető, dem Sekretär unterschrieben war. Wenn man bedenkt, dass im Sommer 1946 eine horrende Inflation herrschte, war dieser Betrag besonders beachtlich. In heutiger Währung entspräche diese Summe einem Wert von 3.000 US$.[10]

1945 begann die eigentliche Arbeit in der Vereinigung selbst, in privaten

---

[9] Siehe A. A. Brill Library, The New York Psychoanalytic Society and Institute, RRIS Box 1 F8.

[10] Nach der Inflationsberechnungstabelle des US-Amtes für Arbeitsstatistik entspräche diese Summe im Jahre 2008 genau dem Wert von 2.921,15 US$.

Praxisräumen und im akademischen Betrieb. Durch die Seminare, die Imre Hermann in der Zeit von 1945 bis 1947 hielt, wurde die Psychoanalyse 30 Jahre nach Ferenczi wieder ein Teil der medizinischen Fakultät der Universität Budapest. Die meisten Mitglieder der Vereinigung setzten ihre Privatpraxis fort: Endre Almásy, Ilona Felszeghy, Lilly Hajdú, Imre Hermann, István Hollós, András József, Vilmos Kapos, Frau Kertész, Lillian Rotter, Menyhért Farkasházi, Kata Lévy, Tibor Rajka, Lucy Liebermann, Frau Páczai, Endre Pető und István Schönberger. Das interne wissenschaftliche Programm der Vereinigung richtete 1947 die Aufmerksamkeit auf vier Themenkreise:

1. Man bemühte sich um die Wahrung der Kontinuität. Man hatte Berichte über die wissenschaftliche Arbeit erhalten, die während der Kriegsjahre von Anna Freud und Melanie Klein geleistet worden war (Kata Lévy und István Schönberger).
2. Das Interesse an psychoanalytischer Technik blieb ausgeprägt – ein charakteristisches Merkmal der Budapester Schule.
3. Die Arbeit begann sich schwerpunktmäßig auf die durch den Krieg und die Shoa verursachten Traumata zu richten.[11]
4. Außerdem wurde eine die neue Richtung repräsentierende Vorlesung unter der Überschrift »Pawlow und Freud« veröffentlicht (István Schönberger).

In Übereinstimmung mit der Tradition der ungarischen Vereinigung setzten die Analytiker ihre öffentlichen Vorträge fort. Sie hielten Referate vor Lehrern, Sozialarbeitern, dem Personal von Kindergärten und Experten für auswärtige Angelegenheiten.[12] Des Weiteren übernahmen Psychoanalytiker die Leitung öffentlicher Schlüsselinstitutionen und hatten in dieser Eigenschaft Einfluss auf die gegenwärtige und künftige Kindererziehung, die Ausbildung in Psychohygiene und die Arbeit im öffentlichen Gesundheitswesen. Lilly Hajdú wurde vom Justizminister zur Beraterin für das staatliche Krankenversicherungsprogramm ernannt. Alice Hermann wurde psychologische und pädagogische Beraterin der Genossenschaften in allen

---

[11] Siehe Lilly Hajdú 1945; Imre Hermann 1945.
[12] Siehe *Bulletin der Internationalen Psychoanalytischen Vereinigung* 1947, 205-214.

Fragen, die sich mit Angelegenheiten der Wohnheime, Kindertagesstätten und der Ausbildung von Erziehern in Kindergärten befassten. Vilmos Kapos war einer der Amtsärzte der Hauptstadt, Tibor Rajka wurde medizinischer Leiter des Krankenversicherungsprogramms für den öffentlichen Dienst und Lillian Rotter war Berater für Psychologie und Psychohygiene in der Gesundheitsverwaltung der Hauptstadt und im Ministerium für Sozialpolitik.[13,14]

1947 war das letzte Jahr der Hoffnung auf ein Fortschreiten der Entwicklung der Psychoanalyse. Im Jahre 1948 zogen sich über Ungarn Sturmwolken zusammen und ihr Schicksal war besiegelt. Dies war das Ergebnis des massiven Sowjetisierungsprozesses, der Wirtschaftskrise und der antidemokratischen Macht ideologischer Strömungen.

Ein offener Angriff auf die Psychoanalyse im Oktober 1948

Der Grund für diesen Angriff war der Dritte Internationale Kongress für Psychohygiene im August 1948 in London. István Tariska besuchte den Kongress und entschied, dass dies der richtige Zeitpunkt dafür sei, in Ungarn die Alarmglocken zu läuten. Denn die heimischen Experten erkannten die schädlichen Ideen, die unter Amerikanern und zugleich in der westlichen Welt, das heißt den imperialistischen Ländern, hinter den Bemühungen um die Psychohygiene standen, nicht. Er schrieb einen Brief an Georg Lukács[15], um den Weg für einen Artikel zu ebnen, der die Öffentlichkeit über den Psychohygienekongress in London informieren sollte.

---

[13] Siehe Pető 1947, 212.

[14] Mendel Brunner war ein Psychoanalytiker in Kolozvár (Rumänien), der während des Krieges nach Ungarn flüchtete. In den 1960er oder 70er Jahren wanderte er nach Schweden aus, wo er letztlich nicht als Analytiker tätig war. In den 1950er Jahren gehörte er als Neurologe zusammen mit Vilmos Kapos zum Personal eines Ambulanzzentrums in der Visegrádi-Straße im Zentrum von Budapest (Interview von Judit Mészáros mit Júli Kapos, 2003. Manuskript).

[15] Der Philosoph Georg Lukács war einer der Herausgeber des *Fórum*, einer Zeitschrift der Regierungskoalition des Landes. Er vertrat die ungarische Arbeiterpartei, die kommunistische Partei, die der stalinistischen Richtung folgte.

Leiden, 20. Sept.1948

Lieber Gyurka,

[....] Ich habe das Gefühl, dass wir nicht dazu schweigen sollten. [....] Es gab großes Interesse an dem Kongress. [....] Es waren viele Teilnehmer da, sogar aus unserem Land, und einige waren sogar registriert (nicht geringere Leuchten als Dr. Ferenc Völgyesi, Dr. Kata Lévy, die alte Lehranalytikerin, und Dr. Júlia Gyödgy, eine Erzieherin für körperlich und geistig behinderte Kinder, [...] *weil auf diese Weise Lehrer und vielleicht sogar Politiker etwas begreifen werden...*[16,17]

Wenn Sie etwas über mich wissen wollen, lassen Sie mich Ihnen sagen, dass ich meine Kenntnisse in für uns verschlossenen Ländern dank der Weltgesundheitsorganisation erweitert habe: Schweiz, England und die Niederlande. Ich kann Ihnen sagen, dass es trotz der großen Unannehmlichkeiten sehr interessant und nützlich war, etwas über »westliche Demokratien« *heute* zu erfahren.

Natürlich ist das täglich wiederkehrende Gefühl, dass der »Eiserne Vorhang« in dem Sinne existiert, in dem sie uns im Westen sehen, als ob wir grässliche Barbaren wären, auf verschiedene Weise interessant, aber zugleich auch nützlich und oft schockierend. [...][18]

Mit wärmsten Grüßen,
Ihr Freund
Vilmos Tariska [19,20]

Lukács stimmte als Mitglied des Herausgeberkreises von *Fórum* dem Inhalt des Artikels zu, der in der Oktoberausgabe unter dem Titel »Freudianismus als die private Psychologie des Imperialismus« erschien. Der Artikel weist schon alle Anzeichen der ideologischen Paranoia des Stalinismus auf. Nach Tariska bestand die verborgene ideologische Botschaft des Kongresses darin, die Frage, ob »die Menschen den [Vereinten Welt-

---

[16] Hervorhebung der Verfasserin.

[17] Siehe Manuskript, 147

[18] A. a. O., 148-149.

[19] Vilmos war eine Art Spitzname, der István Tariskas Familie und Freunden vorbehalten war (persönliche Mitteilung von Dr. Péter Tariska). Tariska war Neurologe und Psychiater am Nationalen Institut für Neurologie und Psychiatrie in Budapest und von 1972 bis 1986 dessen Direktor.

[20] Brief von Vilmos Tariska an Georg Lukács. Manuskript. Archiv des Instituts für politische Geschichte, 147-149.

staat] unter der Herrschaft des amerikanischen Monopolkapitals« akzeptieren oder nicht, in ein Problem der geistigen Gesundheit umzuwandeln. Darüber hinaus sollte auch die Frage des Friedens – unter dem der Herausgeber Klassenkampf und Antiamerikanismus verstand – als Problem der geistigen Gesundheit gesehen werden. »[...] Die Psychoanalyse und verschiedene Ansätze zu tiefenpsychologischen oder ›dynamischen‹ psychologischen Richtungen beruhen auf einem gänzlich individualistischen und atomisierten Gesellschaftsbegriff.«

Als warnendes Beispiel zitiert der Autor den Beitrag von Ernest Jones, der besagt, dass er »den Zweiten Weltkrieg als Verbrechen faschistischer Anhänger betrachtet und Krieg als kollektives Verbrechen ansieht, das von individuellen Aggressionen herrührt, die der ödipalen Situation entspringen«. Mit diesem Ansatz »hat der psychohygienische Kongress in London dokumentiert, dass der Imperialismus darauf abzielt, seine Macht nicht nur auf Eisen, Kohle, Öl, Industrie und Verkehr auszudehnen, sondern auch auf geistige Schöpfungen, und dass er die Psychoanalyse gezähmt und zu seiner eigenen privaten Psychologie gemacht hat«.[21]

Mit der Unterstützung und unter der Führung der stalinistischen Sowjetunion gelangte die kommunistische Partei 1948 in Ungarn an die Macht. Danach sah offensichtlich nicht nur István Tariska, sondern sahen auch viele andere die Mitwirkung der Psychoanalytiker in öffentlichen Institutionen und Berufsorganisationen mit einiger Sorge. Es gab zum Beispiel sieben Psychoanalytiker, die auf verschiedene Positionen[22] innerhalb der Vereinigung zum Schutz der psychischen Gesundheit[23] gewählt worden waren. »Diese Vereinigung strebt mit der Unterstützung der Behörden die Kontrolle über alle Probleme auf dem Gebiet der Psychohygiene an und beeinflusst und überwacht auf diese Weise offiziell die Ausbildung, soziale Institutionen und therapeutische Organisationen.«[24] Deshalb war es nicht

---

[21] Siehe Tariska 1948.

[22] István Hollós war der Vizepräsident der Vereinigung, Vilmos Kapos' Sekretär und Adolf Fisch Protokollführer. Analytiker waren auch in verschiedenen Sektionen vertreten, darunter Tibor Rajka, István Hollós, Lillian Rotter und Endre Pető, während René Amar dem Propagandaausschuss angehörte.

[23] Die Vereinigung wurde innerhalb der Ärztegewerkschaft gebildet (vgl. Hoffer 1995, 225).

[24] Siehe Pető 1947, 212.

gleichgültig, wer die Kontrolle über das Schicksal der nächsten Generation übernahm.

Lilly Hajdú und Imre Hermann, die damalige Präsidentin und der ehemalige Präsident der psychoanalytischen Vereinigung, beide Mitglieder der kommunistischen Partei, hatten von Lukács eine Korrektur erwartet, als sie ihm als Antwort auf die Veröffentlichung des Artikels schrieben. In ihrem Brief nahmen sie nicht auf die Psychoanalyse, sondern auf die denunziatorischen Bemerkungen von Tariska Bezug:

[...] In Osteuropa und besonders in Ungarn zwang die gemeinsam erlebte Verfolgung, die aus unterschiedlichen Wurzeln herrührte, die Psychoanalytiker, ob für eine lange oder kurze Zeit, auf einen gemeinsamen Weg mit denjenigen, die aufrichtig für den menschlichen Fortschritt und die Befreiung kämpfen.

Wenn Psychoanalytiker auf der Seite des sozialen Fortschritts standen, haben sie es nach Tariska deshalb getan, weil sie als Juden dazu gezwungen waren. Um darauf zu antworten, schrieben Hajdú und Hermann:

[...] wenn Analytiker in der Vergangenheit das Los der Kommunisten teilten oder nach der Befreiung Kommunisten wurden, dann kann es dafür nur eine Erklärung geben: sie sind Juden. Diese Erklärung dient dazu, eine andere Erklärung auszulöschen – die der Realität entspricht – nämlich, dass Psychoanalytiker in der Vergangenheit immer Antifaschisten waren und jetzt überzeugte Marxisten und treue Parteimitglieder sind. [...]
Weder unsere Partei noch der Genosse Lukács können der Sichtweise des Genossen Tariska zustimmen. Wir bitten darum, dass das *Fórum* die in dem Artikel zitierten Zeilen korrigiert und dabei hervorhebt, dass die Korrektur in keinem Zusammenhang mit den Prinzipien steht, die hinter dem Urteil über die Psychoanalyse stehen.
Mit kameradschaftlichen Grüßen,
Dr. Lilly Hajdú Gimes
Dr. Imre Hermann

(datiert 15. November 1948)[25]

Die Antwort, die sie zwei Wochen später erhielten, war ernüchternd. Die vorhandene Kopie des Briefs ist nicht von Lukács unterschrieben. Aber ob er nun den Brief geschrieben hatte oder nicht, der Brief hat aller Wahr-

---

[25] A. a. O.

scheinlichkeit nach nicht den Kreis der Herausgeber des *Fórums* verlassen, ohne dass er davon gewusst hätte. Aus der Antwort ging klar hervor, dass die Psychoanalyse als »ideologische Strömung«, die »gesellschaftlich reaktionär« war, in den Dienst amerikanischer imperialistischer Kräfte getreten war: »Hitlers Unterdrückungsmaschinerie hatte keinen Bedarf für sie, Trumans kann von ihr außergewöhnlich guten Gebrauch machen.«[26]

Der Brief schloss schroff: »Ich möchte Euch, Genossen, dringend darum bitten, wichtige ideologische Debatten nicht in die Nähe gewöhnlicher Demagogie zu rücken.«[27]

Später stimmte die Leitung der Vereinigung dafür, diese so bald wie möglich aufzulösen. In einem Interview erinnerte sich Hanna Pető an die Umstände der Auflösung wie folgt:

[...] es war der Anfang einer heftigen Abneigung gegenüber der Psychoanalyse, im Rundfunk, auf dem Theater – Analytiker wollten den gesunden Geist der Arbeiter und Bauern vergiften [...] Bandi [Endre Pető] kam völlig niedergeschmettert nachhause, zusammengebrochen, die Vereinigung müsse aufgelöst werden, [...] weil zum Beispiel ihr damaliger Leiter, Pista Bálint[28], da war, [und sagte] dies ist ein völlig neues System, alles was ihr glaubt, eure ganze Lebensauffassung, richtet sich gegen das Leben. Ich muss euch sagen, dass es für euch keine Hilfe gibt. Dann sagte Pista, es ist besser, ihr löst euch selbst auf, als wenn die Auflösung zwangsweise vollzogen werden muss.

[...] Ich war da und Hermann sagte auch zu Bandi, [...] wir müssen das alles begreifen, wir müssen begreifen, was die Partei will, dies ist eine neue Welt. Irgendwie beging er beinahe Harakiri [...] so sehr es auch schmerzte, die Vereinigung musste aufgelöst werden.

[...] Dies ist eine sehr traurige und schmerzliche Geschichte, aber sie hatten

---

[26] A. a. O.

[27] A. a. O.

[28] Dr. István Bálint (1912-1984) war Neurologe, Psychiater und stekelianischer Psychoanalytiker. Er war in den 1940er und 1950er Jahren Chefarzt der ÁVO (später ÁVH). 1955 wurde er zu einer Freiheitsstrafe verurteilt. Er war leitender Aufsichtsbeamter für die Vereinigung zum Schutz der Psychohygiene und gehörte zum Personal des Nationalen Instituts für Arbeitsmedizin. Bei der Vorbereitung der Schauprozesse arbeitete Bálint mit Dr. Ernö Szinetár zusammen, einem weiteren Neurologen, Analytiker und Stekelianer (Erös 2006).

das Gefühl, persönlich in Gefahr zu sein. Das war, als der Prozess gegen Mindszenty und der Prozess gegen Rajk stattfanden.[29] Dann sagte Bandi, dass sein Leben vorbei wäre, wenn er kein Analytiker sein könnte. Darauf sagte ich, wenn ein Anwalt unter diesem Regime Toiletten reinigen muss, ist das eine viel schlimmere Kränkung, als wenn Bandi Pető wieder Kinderarzt sein muss. [...] Also, wenn du nicht verstehst, was das für mich bedeutet, dann gibt es nichts mehr zu sagen. [...] Er sprach drei Tage lang nicht mehr mit mir.[30]

Auf der Hauptversammlung, die am 8. Februar 1949 abgehalten wurde, stimmte die Ungarische Psychoanalytische Vereinigung dafür, die Vereinigung aufzulösen.[31]

Ein neues Kapitel der Psychoanalyse

Was geschah mit den einzelnen Mitgliedern? Wie überlebten sie die überaus gefährliche Zeit der Schauprozesse, der Deportationen im Landesinneren sowie des Schweigens, der Furcht und der Hoffnungslosigkeit?[32] Im

---

[29] Der Rajk-Prozess begann einige Monate nach der Auflösung der Vereinigung. László Rajk wurde das erste Opfer in einer Reihe von Schauprozessen, die sich auf die Säuberung der Partei von Abweichlern richteten. Ende Mai 1949 wurde er auf der Grundlage fingierter Anschuldigungen verhaftet, darunter Spionage, Zusammenarbeit mit den Imperialisten und sogar Zusammenarbeit mit der Geheimpolizei unter dem rechten Horthy-Regime. Zunächst stritt Rajk alles ab; nachdem man ihm jedoch eingeredet hatte, dass der Schauprozess nicht mehr sein würde als eine Machtdemonstration zur Einschüchterung des »Klassenfeindes«, und ihm versprochen wurde, dass er nach einem vollständigem Geständnis sowohl von der Todesstrafe verschont bliebe als auch rehabilitiert würde, legte er schließlich ein Geständnis ab. Der Prozess wurde als Teil der Bemühungen zur Einschüchterung der Massen im Radio übertragen. Rajk wurde in der Folge am 15. Oktober 1949 hingerichtet. Die ÁVH verhaftete danach über 100 Personen, richtete viele hin und verurteilte viele andere zu lebenslanger Freiheitsstrafe oder Einweisung in ein Arbeitslager (Romsics 2000).

[30] Siehe Judit Mészáros, Interview mit Hanna Pető, Ms. 1996

[31] Siehe Szőke 1992, 42.

[32] Zwischen 1949 und 1956 wurde einige krank und starben (zum Beispiel István Hollós und Endre Almásy), während andere emigrierten (Endre Pető, Lajos Lévy und Kata Lévy).

Rückblick eröffneten die vier folgenden Jahre bis zu Stalins Tod (im März 1953) und dann weitere drei Jahre bis zur Ungarischen Revolution von 1956 ein neues Kapitel in der Geschichte der Psychoanalyse in Ungarn. Psychoanalyse wurde als Theorie und in der praktischen Anwendung verboten. Und erst als sich dies in den 1960er Jahren abzuschwächen begann, löste sich die mit dem Überleben im Untergrund verbundene Angst auf.

Psychoanalyse konnte nicht länger offen praktiziert werden. Und doch gab es einige wenige, die sie auch in der strengen Verbotsperiode der frühen 1950er Jahre fortführten, unter ihnen Ilona Felszeghy, Kata Lévy, Lilly Hajdú und Endre Almásy – und dies sind nur die, von denen wir sicher wissen, dass sie zwischen 1949 und 1956 praktiziert haben. Es gab auch jene, die wegen der damit verbundenen Gefahren und moralischen Konflikte nicht weitermachen konnten (zum Beispiel war der Schutz der Patienten von Bedeutung). Von den männlichen Analytikern, die Ärzte waren, übernahmen die meisten Tätigkeiten in regionalen Ambulanzzentren (zum Beispiel Hermann, Kapos, Rajka und Schönberger) und arbeiteten bis in die 60er Jahre nicht als Psychoanalytiker. Meistens waren es Frauen, die die analytische Arbeit in den Jahren des besonders strikten Verbots aufrechterhielten, sogar wenn sie eine staatliche Position innehatten (zum Beispiel Lilly Hajdú und Lucy Liebermann) – und nicht nur, wenn die offizielle Position ihrer Ehemänner die hauptsächliche Einnahmequelle der Familie war und sie als Abhängige unter einem öffentlichen Radarschirm lebten (zum Beispiel Ilona Felszeghy und Káta Lévy).

Lilly Hajdús Kurzbiografie vermittelt ein eindrucksvolles Beispiel des Schicksals einer ostmitteleuropäischen Psychoanalytikerin des 20. Jahrhunderts: »Ich würde gern eine Stelle in einem Krankenhaus finden [...], wo ich genug für mich und meine Familie verdienen könnte«, schrieb sie 1939 in ihrem Brief an das Nothilfe-Komitee. Obwohl das Komitee sich darum bemühte, eine Bürgschaft in die Wege zu leiten, die es ihnen ermöglicht hätte, ein Visum zu erhalten, verließen sie und ihre Familie aus unbekannten Gründen nicht das Land. Lilly Hajdús Ehemann, Miklós Gimes, wurde nach der deutschen Besetzung Ungarns in das Konzentrationslager Leitmeritz deportiert, wo er starb. Nach 1945 praktizierte sie weiterhin als Psychoanalytikerin — und gab diese Tätigkeit bis zu ihrem Tod niemals auf. Nach dem Zweiten Weltkrieg wurde sie Mitglied der kommunistischen Partei. Hajdú wurde 1947 Präsidentin der Ungarischen Psychoanalytischen

Vereinigung. Von 1952 an arbeitete sie am renommierten Nationalen Institut für Neurologie und Psychiatrie und war in der Zeit von 1954 bis 1957 dessen Direktorin. Ihre Tochter und der kleine sechsjährige Sohn ihres Sohnes, das heißt Hajdús Enkel, emigrierten während des ungarischen Aufstandes 1956 in die Schweiz.

Miklós Gimes jun., ihr Sohn, wurde Journalist und war Anfang der 1950er Jahre gegen die Psychoanalyse eingestellt. Bald darauf erkannte er die Manipulationen des stalinistischen Regimes und wandte sich dagegen. Wegen seiner Teilnahme am Aufstand wurde er im 1958 durchgeführten Prozess gegen Imre Nagy, der während des Aufstandes Premierminister gewesen war, zum Tode verurteilt und hingerichtet. Danach beantragte Lilly Hajdú mehrfach einen Reisepass, um ihre Tochter und ihr Enkelkind zu besuchen. Ihre Anträge wurden von den Behörden aber immer wieder abgelehnt. Nach dem dritten Ablehnungsbescheid, in dem stand »auf alle Zeiten abgelehnt«, nahm sie sich im Mai 1960 das Leben.

Einige Anmerkungen im Rückblick anstelle eines Schlusswortes

Die Psychoanalyse hat niemals irgendein diktatorisches Regime akzeptiert, ob rechts- oder linksgerichtet. Natürlich haben verschiedene Diktaturen unterschiedliche ideologische Wurzeln, aber in einer Hinsicht sind sie alle gleich: die Befreiung des Individuums, die Entfaltung seiner Autonomie und Entwicklung der persönlichen Freiheitsgrade – die *raison d'être* der Psychoanalyse – stehen in starkem Gegensatz zu den fundamentalen Interessen und Methoden eines autoritären Regimes, das seine Macht dadurch sichert, dass es die Kontrolle über das Individuum erlangt und behauptet.

In Ungarn verband sich die antipsychoanalytische Ideologie der 1948 an die Macht gelangten stalinistischen Diktatur mit tiefverwurzeltem Antisemitismus und Antizionismus und zwang damit die Ungarische Psychoanalytische Vereinigung zur sofortigen Auflösung, nachdem sie fast ein halbes Jahrhundert vielen Stürmen standgehalten hatte. Es sollten noch einmal 40 Jahre vergehen – lange Jahre im Untergrund, an die sich ein allmählicher Wiederaufbau anschloss – bis die Vereinigung 1989 wieder ihre volle Mitgliedschaft in der internationalen psychoanalytischen Gemeinschaft erlangte.

Der gewaltige geschichtliche Sturm, der das psychoanalytische Projekt bedrängte, erreichte seine Höhepunkte zwischen 1918 und 1919 und zwischen 1945 und 1949. In nur zehn Monaten zusammengedrängt sah der erste Höhepunkt die finale Agonie des Ersten Weltkriegs, den Zusammenbruch des Österreichisch-Ungarischen Reiches, den Aufstieg und Fall der Ungarischen Räterepublik und die Entfesselung des Weißen Terrors unter Horthy. Gerade in dieser Zeit bot sich Ungarn eine reale Möglichkeit, das Zentrum der europäischen Psychoanalyse zu werden. (Mit dem Fünften Psychoanalytischen Kongress in Budapest 1918 erlangte Sándor Ferenczi, der Begründer der ungarischen Psychoanalyse, auch eine führende Rolle in der internationalen Bewegung.) Der Psychoanalyse wurde eine Abteilung an der medizinischen Universität zugestanden (1919), und der Plan für ein psychoanalytisches Verlagshaus und ein ambulantes Behandlungszentrum in Budapest, dessen Finanzierung gesichert war, war in die Wege geleitet worden, löste sich aber innerhalb weniger Monate in nichts auf. Und dieser Verlust verschlimmerte sich noch durch die erste Emigrationswelle (1919-1920).

Die geschichtlichen Ereignisse der Zeit zwischen 1945 und 1949 waren von dem Leiden begleitet, das die Schrecken der Shoa, des Faschismus und des ungarischem Nationalismus verursacht hatten, und zugleich von der Belastung des Landes, das zum zweiten Mal im 20. Jahrhundert in einem Weltkrieg auf der Verliererseite stand. In diesem Fall gingen nicht – wie 1920 – zwei Drittel seines Territoriums verloren, sondern es musste mit der Präsenz einer Besatzungsmacht zurechtkommen .

Wie ist es möglich, sich an fundamentale Auswirkungen solcher großen Veränderungen in den gesellschaftlich-politischen und persönlichen Bereichen anzupassen und dabei die innere Integrität zu erhalten? Wie schützt sich die Psyche des Menschen vor dem, was sich fortwährend unbearbeitet vor ihr auftürmt? Sie benutzt die verfügbaren Abwehrmechanismen – Verleugnung, Verdrängung, Spaltung und die ideologischen Krücken, die sich durch Idealisierungen und Entwertungen gebildet haben –, um ihre Integrität zu bewahren. Aber falls es die Zeit nicht zulässt oder wenn wir nicht die Zeit oder die Gelegenheit für die Verfahren finden, die uns helfen alles durchzuarbeiten, dann – was wir so gut aus der Theorie kennen – verringert sich später unsere eigene Fähigkeit zur Wahrnehmung der Realität, und auf diese Weise wächst das so genannte historische Erbe, das uns alle belastet und Schicht auf Schicht ablagert, während es langsam versteinert.

Die historische Forschung hilft uns nicht nur dabei, die hohe Komplexität der Vergangenheit zu erkennen, sondern ermöglicht uns auch, diese Prozesse durchzuarbeiten, so wie es etwa heute auf dieser kleinen Konferenz geschieht – weil es Dinge gibt, die nur bewältigt werden können, wenn wir im Kollegenkreis gemeinsam daran arbeiten.

Übersetzung aus dem Englischen: Liselotte Cochu

Literatur

Bulletin der Internationalen Psychoanalytischen Vereinigung 27 (1946): 172-185.

Bulletin der Internationalen Psychoanalytischen Vereinigung 28 (1947): 205-214.

Erös, Ferenc (2006): Önarckép (történelmi?) háttérrel. In: *Élet és Irodalom*, 50:3, 2006. január 20.

Hajdú, Lilly: »Beitrag zur Therapie und Theorie traumatischer Neurosen«. In: Hermann, I. (1945, 1990): *Psychologie des Antisemitismus (Az antiszemitizmus lélektana)*. Budapest: Bibliotheca, Budapest & Cserépfalvi Kiadó.

Hermann, Irme (1945, 1990): »Eine Psychologie des Antisemitismus« (*Az antiszemitizmus lélektana)*

Hoffer, János (1995): Megemlékezés egy mentálhigiénés folyóiratól és elporladásáról. In: *Thalassa*, 1-2: 224-226.

Nemes, L. (1985): »Das Schicksal der ungarischen Psychoanalytiker während der Zeit des Faschismus«. In: Brecht, K.; Friedrich, V.; Hermanns, L. M.; Kaminer, I. J.; Juelich, Das heißt (Hrsg.): »*Hier geht das Leben auf eine sehr merkwürdige Weise weiter ...*« *Zur Geschichte der Psychoanalyse in Deutschland*. Hamburg: Kellner, 92-95.

Pető, E. (1947): *Bulletin of the International Psycho-Analytic Association*, 28: 205-214.

Romsics, I. (2000): *Magyarország története a XX. században*. Budapest: Osiris Kiadó, 2. javított kiadás.

Szőke, G. (1992): »Egy jövő illúziója«. In: *Köztársaság*, 1992/31: 42-43.

Tariska, István (1948): »Freudianismus als die private Psychologie des Imperialismus«. In: *Fórum* 3, 1948, Nr. 10, 799-804.

Annette Simon

Ostdeutsche Wege zur Psychoanalyse – zwischen Idealisierung und Aneignungswiderstand

Zwei große Unterschiede zwischen den ungarischen und den ostdeutschen Kollegen zur Psychoanalyse liegen von vornherein auf der Hand: die Last der deutschen nationalsozialistischen Geschichte, zu der wir als deutsche Psychoanalytiker in der Verantwortung stehen und die Teilung Deutschlands, die zu sehr verschiedenen Wegen der Psychoanalyse in Ost und Westdeutschland nach 1945 geführt hat. Die Kollegen aus der DDR fühlen sich durch die Darstellungen der ungarischen Kollegen an vieles erinnert – manches war trotzdem ganz anders. Wir sprachen immer von Ungarn als »der lustigsten Baracke im Lager«, genährt auch von den Besuchen in Budapest, das in den 1970er und 1980er Jahren so viel weltstädtischer wirkte als Ostberlin und eingedeckt mit psychoanalytischer Literatur aus den herrlichen Budapester Buchläden und Antiquariaten. Dass es nicht so lustig war, haben Sie auf dieser Tagung erfahren.

Es soll in diesem Beitrag nochmals um die inneren und äußeren Veränderungen im Verhältnis zur Psychoanalyse gehen, die wir älteren Therapeuten aus der DDR, die jetzt in leitenden Funktionen an den ostdeutschen psychoanalytischen Instituten tätig sind, durchlaufen haben. Viele dieser Ostkolleginnen und Kollegen wie – der leider viel zu früh verstorbene – Hans-Joachim Koraus sowie Hans-Joachim Maaz, aber auch Jochen Schade, Michael Froese, Irene Misselwitz, Margarete Meador (um nur einige zu nennen) haben sich in Vorträgen und Veröffentlichungen schon dezidiert dazu geäußert, und ich beziehe mich auf sie.

»Endlich Freiheit, endlich Psychoanalyse?« war der Titel eines Vortrages von C. Seidler und M. Froese auf der ersten Arbeitstagung unseres Ostberliner psychoanalytischen Ausbildungsinstituts 1997 zum Thema »DDR-Psychotherapie zwischen Subversion und Anpassung« (Seidler/ Froese 2002). Dieser Titel bringt etwas auf den Punkt, was in der euphorischen Wendezeit auch so von uns gefühlt wurde: Endlich besteht die

Freiheit, Psychoanalyse auszuüben und zwar als Therapie und auch als Kulturkritik.

Welche Freiheit ist damit gemeint? Ich möchte mich hier vor allem an Hannah Arendt orientieren, die im 5. Kapitel von *Vita activa*: »Über das Handeln« auch auf die Freiheit zu sprechen kommt. Nachdem sie konstatiert hat, dass der Mensch, sowie er handelt, in ein Bezugsgewebe verstrickt wird, indem er »eher das Opfer und der Erleider seiner eigenen Tat« zu sein scheint als ihr Schöpfer und Täter (Arendt 1970, 298), führt sie weiter aus: »Freiheit, so scheint es, kann nur der bewahren, der sich des Handelns enthält, und die einzige Rettung für die Souveränität der Person scheint in dem Abstand zu liegen, den die ›Weisen‹ zwischen sich und den zwischenmenschlichen Bereich legen und erhalten.« (ebd.) Der grundsätzliche Irrtum dieser Weisheit scheint nach Arendt aber darin zu liegen, dass bei dieser Enthaltsamkeit vom Handeln Souveränität und Freiheit gleichgesetzt werden. »Kein Mensch ist souverän, weil Menschen und nicht der Mensch, die Erde bewohnen« und diesem Faktum der Pluralität seien wir alle unterworfen.

Interessanterweise und für mich sehr erhellend findet Hannah Arendt in den menschlichen Fähigkeiten zu verzeihen und zu versprechen einen Weg zur menschlichen Freiheit. Diese Fähigkeiten des Verzeihens und des Versprechens sind die Modi, »durch die der Handelnde von einer Vergangenheit, die ihn auf immer festlegen will, befreit wird und sich einer Zukunft, deren Unabsehbarkeit bedroht, halbwegs versichern kann« (ebd., 303).

Verzeihen und Versprechen sind Termini, die unmittelbar auf das Miteinander von Menschen zielen, menschliche Bezogenheit und Bindung voraussetzen. Ist die Fähigkeit zu diesen Verhaltensweisen nicht der von uns so benannten »depressiven Position« sehr nah und ermöglicht diese also auch ein Stück Freiheit? Wie konnten und können wir ostdeutsche Psychotherapeuten einen Weg zur Aneignung der Psychoanalyse finden, der uns frei macht, zu verzeihen und zu versprechen?

Es ist unzweifelhaft, dass wir schon vor 1989 einen Annäherungsprozess an die Psychoanalyse durchlaufen hatten, der von der Westseite teilweise wenig wahrgenommen wird. Nach der doppelten Vernichtung der Psychoanalyse auf ostdeutschem Boden – dem Untergang der Psychoanalyse im Nationalsozialismus am Göring-Institut folgte in der DDR die nicht wieder aufgenommene Tradition und mit der Pawlowkonferenz 1953 das ideologische Verdikt gegen sie, das einem Verbot gleichkam (Lockot/Bernhardt 2001) – gab es spätestens ab Ende der 1960er Jahre einen Hunger nach Psychoanalyse, angestoßen auch von den 68er Entwicklungen in Westdeutschland. Ich erinnere mich noch gut, wie ich wahrscheinlich im Jahr 1972 eine Vorlesung an der Sektion Psychologie der HU hörte, in der die verklemmte Dozentin in süffisanter Weise und ganz aus dem Zusammenhang seines Werkes gerissen Freud zitierte. Es ging um die Herleitung eines Symptoms aus einer sexuellen Verdrängung, sie zog regelrecht genüsslich darüber her. Ohne die geringste Ahnung von Psychoanalyse zu haben, hatte ich das Evidenzerleben, dass genau dies etwas mit dieser Dozentin zu tun haben müsse und dass es sich doch um einen sehr interessanten Ansatz handeln könnte. Danach konnte ich mir ohne Weiteres den Schlüssel zum so genannten »Giftschrank« besorgen, in dem neben anderen Giftbüchern die gesammelten Werke Freuds standen und von den Studenten auch zu lesen waren, so sie denn wollten. In dieser von Koraus so benannten Phase der »heimlichen Infiltration« von psychoanalytischem Gedankengut in die DDR ging der Weg der Annäherung über das Studium geschickter und durchgeschmuggelter – in Ungarn gekaufter – Literatur in die inoffiziellen Diskussionszirkel. Das Objekt Psychoanalyse war dabei anfangs verboten, heimlich und daher besonders faszinierend und anziehend (was verboten ist, das macht uns gerade scharf, sang Biermann). In den Diskussionszirkeln gab es dann manchmal auch wildes gegenseitiges Erzählen von Lebensgeschichten und ebenso wildes vermeintliches psychoanalytisches Deuten. Dies setzte sich in den offiziellen Selbsterfahrungsgruppen der intendierten dynamischen Gruppentherapie fort, wo man teilweise die gleichen Kollegen wiedertraf. Aber auch einige ungarische Kollegen, wie János Harmatta, nahmen an diesen Gruppen teil. Diese Art der Gruppentherapie war tiefenpsychologisch orientiert, ihr Vater Kurt Höck hatte noch vor dem Mauerbau eine Lehranalyse in Westberlin absolviert. Die intendierten Gruppen waren auch die einzig mögliche Form einer psychodynamischen Selbsterfahrung in der DDR.

Die DDR-Psychotherapeuten waren eine zahlenmäßig kleine Gruppe, die durch ihre zwangsläufige Berührung mit der gesellschaftlichen Realität durch die Schicksale ihrer Patienten eher von einer bewussten Nichtanpassung geprägt war und sich ständigen Anfeindungen ausgesetzt sah. Die Psychotherapie musste im gesellschaftlichen System der DDR ständig ihre

Existenzberechtigung unter Beweis stellen und um finanzielle Mittel und Anerkennung ringen. Es gab eine eklatante chronische Unterversorgung mit Psychotherapie. Trotz des nicht fehlenden Streits zwischen den Therapierichtungen gab es eine Art von Gruppenzusammenhalt der Therapeuten, einen Konsens des Zusammenhaltens. Im Grunde waren die DDR-Psychotherapeuten eine Gruppe, in der fast jede jeden kannte und die wie die ganze DDR fast inzestuöse Züge hatte. Und wie in jeder abgeschlossenen Gruppe gab es Liebe, Freundschaften und Feindschaften, Intrigen und Verrat. Dass der Verrat auch die Züge des Verrats an die offizielle Staatsmacht durch Inoffizielle Mitarbeiter der Staatssicherheit aus den eigenen Reihen annahm, war leider systemimmanent und unterlag vor der Wende einer teilweisen Verdrängung und Verleugnung, um Angst und Ohnmacht weniger spüren zu müssen (Simon 1995). Dass der auf mich angesetzte Kollege den IM-Namen »Sigmund Freud« geführt hat, kann man neben der traurigen Tatsache des Verrats auch als einen weiteren Beleg für die heimliche Anziehungskraft der Psychoanalyse in der DDR werten.

Teilweise unbewusst blieb auch, dass die Psychoanalyse innerhalb der DDR, wie sie nun mal war, selbst wenn sie nicht verboten und ihre Tradition nicht abgebrochen wäre, meiner Meinung nach nicht hätte ausgeübt werden können. Und dies aus den gleichen Gründen, die Bernard Kamm in seinem Brief vom 3.6.1980 an R. Lockot, in dem er seine Emigration aus Nazideutschland begründet, angeführt hat. Kamm war einer der ganz wenigen deutschen nichtjüdischen Analytiker, der 1935 emigrierte.

> Wenn nun die Umwelt, in der die Analyse unternommen werden soll, allzu sehr der Strenge der ursprünglichen drohenden Umwelt nahekommt – oder sie sogar übertrifft –, dann ist es für den armen Analysanden unmöglich, die befreiende Entdeckung zu machen, dass die ursprünglichen Drohungen ihre Macht verloren haben, gelten sie doch noch immer in alter, das Leben bedrohender Strenge. Ein Analytiker würde sich selbst und seinen Analysanden täuschen und gefährden, wenn er so tun würde, als ob jetzt alles frei durchdacht und frei erörtert werden könnte. (Brecht et al. 1985, 164)

In der DDR ging es nur selten, in bestimmten Bereichen um Leben und Tod, aber die von Paranoia dominierte Umwelt gab es auch. Bei voller Wahrnehmung aller gegen als Oppositionelle eingestufte Personen eingeleiteten Maßnahmen wäre die gesunde Reaktion eine paranoide Entwicklung gewesen, ein misstrauisches Sich-Verfolgt-und-Beobachtet-Fühlen, sowohl für sich selbst als auch für manche Patienten. Eine Kollegin sagte mir, dass sie zu DDR-Zeiten niemals in eine der oben genanten Selbsterfahrungsgruppen gegangen wäre, da einer in der Gruppe ja von der Stasi hätte sein können. Diese Angst war völlig berechtigt, und dass Verdrängung von Angst auch blind machen kann, konnten wir uns erst im Nachhinein so richtig eingestehen.

In den 1980er Jahren konnte unsere heimliche Liebe zur Psychoanalyse als Theorie und gewünschte Praxis aber schon öffentlicher werden und wurde es zunehmend auch. Auf die Fachkongresse wurden Kollegen aus dem Westen eingeladen, und das Denken und Sprechen in unseren Vorträgen veränderte sich. Als ein Beispiel und wie eine Illustration zum obigen Zitat von Bernard Kamm möchte ich die Geschichte eines Vortrags von Margarete Meador erzählen. 1982 fand in Erfurt der 10. Psychotherapiekongress der DDR mit internationaler Beteiligung statt. Frau Meador hatte einen Vortrag mit dem Titel »Injektion als Bestrafung« angemeldet, in dem sie sich mit der stationären Behandlung eines 12jährigen Jungen, der unter einer Zwangsneurose litt, auseinandersetzte. Im Rahmen dieser Behandlung war eine schmerzhafte Beruhigungsspritze als Strafe für eine überbordende Aggressivität des Jungen auf Station eingesetzt worden. In der Einzeltherapie versuchte der Junge im Handpuppenspiel seine Reaktion auf diese Maßnahme zu inszenieren:

> Der Junge dachte sich einen Herrn Meier und ein Vögelchen aus und spielte beide Figuren selbst: Herr Meier hat ein Vögelchen zu Hause im Käfig. Er möchte ein bißchen weggehen, doch er fürchtet sich, das Vögelchen allein zu lassen. Er hat Sorge, daß der Vogel den Käfig aufbricht, herausfliegt und die Einrichtung zerstört. Deshalb verschnürt er den Käfig mehrfach mit Paketstrippe [...] Doch kaum ist er gegangen, öffnet das Vögelchen den Käfig und fliegt singend in der Wohnung umher. Herr Meier kehrt sofort zurück. Er sieht das befreite Vögelchen und schreit voller Angst nach der Polizei. Diese ist nicht erreichbar und das Vögelchen hat eine Gnadenfrist für sein Glück. Schließlich aber gelingt es Herrn Meier, das Vögelchen durch eine Beruhigungsspritze zu betäuben. (Meador 1982)

Meador kommt in ihrer Interpretation zu dem Schluss, dass die Beruhigungsspritze eine wirkliche Veränderung der zwangsneurotischen Symptomatik verhindert hat. »Untersucht man die Motive des Therapeutenteams für diese Injektion, so erscheint dieses Beispiel als ein Extremfall der typischen Kollusion zwischen Arzt und Patient, die in der gemeinsamen Abwehr der Angst vor der Hilflosigkeit besteht.« Dies war analytisches Denken auf den Punkt gebracht. Wie wurde mit diesem Vortrag umgegangen? 30 Minuten bevor Frau Meador diesen Vortrag 1982 halten wollte, wurde ihr ohne Begründung mitgeteilt, dass sie dies nicht tun dürfe, es sei denn, sie tue dies außerhalb der Verantwortung der Kongressleitung. Erst nach 1989 hat sie erfahren, dass dies auf eine Intervention des Ärztlichen Direktors erfolgte, an dessen Krankenhaus diese Behandlung stattgefunden hatte. Mit der Unterstützung von Prof. Wendt, einem anderen Vater der DDR-Psychotherapie, entschloss sich Meador, den Vortrag trotz allem zu halten. Die ungeteilte Aufmerksamkeit eines großen Auditoriums war ihr sicher, und ich im Publikum hörte gespannt diese Parabel auf unser Leben in der DDR: »Eingefangen sind auch wir wie das Vögelchen. Bedrohlich für die Mächtigen mit dem normalsten Wunsch der Welt, nämlich den Käfig verlassen zu dürfen [...]. Als würde eine notwendige Lebensäußerung schon zu einer Kampfansage. [...] Als wären die Mächtigen, wie Herr Meier, von einer unrealistischen und unverständlich erscheinenden Angst umgetrieben.« (Meador 1999) Und wenn man nicht im Käfig bliebe, gäbe es eine Spritze.

Der Vortrag war ein großer Erfolg, obwohl ein Funktionär des Psychotherapieverbandes der DDR sich im Abschlusswort des Kongresses nicht verkneifen konnte zu sagen, dass es immer Kamele gäbe, die das frisch gewachsene Gras zu früh abfräßen. Aber Frau Meador konnte diesen Vortrag 1982 halten, und es gab auch andere Vorträge ähnlicher Art. Es hatte keine negativen Konsequenzen für sie. 1984 hat sie die DDR verlassen.

Ich gehörte seit ca. 1986 einem Zirkel von KollegInnen an, der sich – als Fachkreis unter dem Dach der Kirche getarnt – einmal wöchentlich zu einer Supervision in einer Privatwohnung traf. Die Supervisorin war eine Psychoanalytikerin aus Westberlin, die den wöchentlichen Durchgang durch die Mauer auf sich nahm und von uns mit Belletristikbüchern aus DDR-Verlagen bezahlt wurde. Hier stellten wir erstmalig kontinuierlich Fälle aus unserer täglichen Arbeit vor und wurden mit psychoanalytischen Grundkenntnissen zum Beispiel des Settings und des Rahmens vertraut gemacht. Beschämend für die Mitglieder unserer Gruppe war dann nach dem Mauerfall die Entdeckung, dass unsere Supervisorin gar keine abgeschlossene Ausbildung als Psychoanalytikerin hatte und uns auch sonst mit einer gefälschten Identität getäuscht hatte. In unserem Hunger nach Psychoanalyse hatten wir hinter der Mauer diese Fakten vernachlässigt, aber auch nicht prüfen können. Trotz dieser massiven Enttäuschung und Kränkung habe ich trotzdem erste Einblicke in die psychoanalytische Arbeit von dieser Kollegin bekommen.

Im Jahr 1989 wurden auf dem Psychotherapiekongress im Januar, also lange vor dem Beginn der eigentlichen Revolution, Forderungen nach psychoanalytischer Arbeit und Ausbildung in der DDR erhoben, die auf dem Freud-Symposium in Leipzig im Frühsommer noch untermauert wurden. Außerdem begannen die DDR-Therapeuten sich öffentlich kritisch mit der DDR auseinanderzusetzen.

Mit den Ereignissen im September und Oktober 1989 wurde dieser Prozess noch weiter vorangetrieben und zeigte sich nach dem Mauerfall sehr schnell in der Bildung von Vereinen, in kollegialen Zusammenkünften und in der Herausgabe der Zeitschrift *Ich*. Man konnte sich nun mit der heimlichen Geliebten öffentlich zeigen und sie präsentieren. Mit dem Beitritt der DDR zur Bundesrepublik und mit der Übernahme aller Strukturen auch des Gesundheitswesens interessierten sich auch die verschiedenen westlichen Fachgesellschaften für die DDR-Psychotherapie. Nun stand die heimliche Geliebte als eine da, die doch recht ärmlich ausgestattet war und eigentlich erstmal dazulernen müsste, um wirklich repräsentabel zu sein. Das innere Objekt Psychoanalyse der DDR-Psychotherapeuten war, wie schon gesagt, ein faszinierendes, verbotenes, nur schwer zugängliches und widerständiges – man hatte einige Opfer dafür gebracht. Nun trafen wir auf Westkollegen für die der Weg zur Psychoanalyse immer offen stand. Nur ihr Erwerb war in der Regel eine mühsame Angelegenheit, auch durch die sehr ausdifferenzierte Institutionalisierung. Fast überall wurde nun die Annäherung der ostdeutschen Psychotherapeuten an die etablierte westdeutsche Psychoanalyse als ein Lernprozess organisiert, in dem die Ostdeutschen in Fallsupervisionen, in den Lehranalysen zu lernen hatten und wirklich lernen konnten, wofür ich und andere in jeder Weise dankbar sind. Gleichzeitig denke ich, dass unsere westdeutschen Kollegen einem ihnen teilweise sogar bewussten Wiederholungszwang unterlagen – so hatten sie oder ihre Lehranalytiker nach dem Krieg auch angefangen. Und da sie nach dem Krieg in der internationalen Psychoanalyse ausgegrenzt wurden und sich sehr mühsam einen Platz und ein Ansehen neu erobern mussten, sollte es uns nicht anders ergehen. Carl Nedelmann, der sich besonders um die Annäherung an die ostdeutschen Kollegen verdient gemacht hat, sagte mir, dass er es als Abtragung einer Dankesschuld empfunden habe: Er habe von den ausländischen Kollegen oder wiedergekommenen Emigranten so viel bekommen – das habe er nun an uns weitergeben wollen. Ich denke, dabei wurden auch andere Muster weitergegeben: zum Beispiel dass man sich der Psychoanalyse als Deutsche nur ehrfürchtig und schuldbewusst nähern kann, als Ostdeutsche vielleicht doppelt schuldbewusst zu sein hätte, selbstverständlich nicht ohne Grund. Hermann Beland hat einmal für mich sehr einleuchtend vom besonderen Aneignungswiderstand der deutschen Psychoanalytiker gegenüber der Psychoanalyse gesprochen, weil sie aus einem Volk kommen, das die Psychoanalyse vertrieben und verfolgt hat. Demnach müssten die ostdeutschen Analytiker einen doppelten Aneignungswiderstand haben, weil die Psychoanalyse in der DDR nochmals verfemt wurde. Demgegenüber gab es aber eben auch die oben beschriebene Faszination durch sie und den eklatanten Hunger nach ihr, also in der Summe vielleicht eine sehr hohe Ambivalenz.

Ich hätte mir anfangs mehr Zeit und Sensibilität im Aufeinanderzugehen und im Gewahrwerden dieser Ambivalenz gewünscht. Natürlich wollten wir einerseits lernen, andererseits aber auch erst mal die Geschichten erzählen, die ich jetzt erzählt habe. Und wir wollten eine Begegnung auf gleicher Augenhöhe, in der unsere Erfahrungen ernst genommen würden. Teilweise hat dies natürlich stattgefunden, zum Beispiel auf den Ost-West-Tagungen der DPV, auf mancher DGPT-Tagung, aber auch in persönlichen Begegnungen. Und natürlich wurde Wertschätzung gegenüber uns älteren Osttherapeuten auch durch die Schaffung der Übergangsregeln ausgedrückt, die uns die Niederlassung in psychotherapeutischen Praxen ermöglichten. Nach den einschneidenden und prägenden Erfahrungen in der DDR mit Unterwerfung und der daraus resultierenden Scham stellte sich für die Ostdeutschen trotzdem immer wieder die Frage: Wie kann ich lernen, ohne mich zu unterwerfen?

In diesem Zusammenhang sehr erhellend war ein Traum für mich, den ich erst vor ca. einem Jahr geträumt habe: Ich bin in diesem Traum zusammen mit einem von mir geschätzten Westkollegen eingeladen, einen Vortrag in einem Westberliner psychoanalytischen Institut zu halten. Es dauert, bis es anfängt, einige mir bekannte Kollegen sind da. Ich versuche, meine schriftlichen Unterlagen zu ordnen. Dann strömen plötzlich fremde Menschen von der Straße herein, darunter viele junge in Blauhemden (also Menschen im Hemd der FDJ – der DDR-Jugendorganisation). In ihrer Mitte ein mir sehr unsympathischer älterer Mann (ihr Häuptling, denke ich im Traum). Dieser Mensch kommt im Traum auf mich zu, begrüßt mich mit überschwänglicher Freude und sagt: »Sie sind ja auch eine von uns!« Ich sehe an mir herunter und bemerke voll Schrecken, dass ich ein Blauhemd trage.

Der Traum hat sehr viele Facetten, deren ganze Ausbreitung ich Ihnen und mir ersparen möchte. Für mich waren im Nachdenken über ihn besonders die Assoziationen des Dazugehören-Wollens und die der Ambivalenz wichtig. Will ich zur Gemeinschaft der deutschen Analytiker gehören, wie ich vielleicht einmal zur FDJ gehört habe, eben nicht ganz freiwillig, bis ich dann ernste Konflikte bekam? Das Tragen des Blauhemdes wurde mir verhasst, und ich vermied es, wo ich nur konnte. Und vielleicht gibt es auch heute einen Widerstand in mir, überhaupt wieder zu einer Vereinigung mit ihren Regeln und Gruppenzwängen zu gehören. Es kam mir zum Beispiel sehr entgegen, dass ich durch die Übergangsregeln für uns erfahrene DDR-Therapeuten meine Lehranalyse nicht an einem Institut machen musste, dem ich angehörte, und so meinen Lehranalytiker frei wählen konnte. Damit hatte ich ein Privileg, das meine Lehranalysanden jetzt nicht haben. Das Phänomen, dass wir Osttherapeuten unsere Lehranalyse nur bei einem Westanalytiker machen konnten, war geschichtlich bedingt und unausweichlich. Es hat aber natürlich auch bestimmte Probleme aufgeworfen, die ich hier nur streifen möchte: Wir gingen zu Menschen einer anderen Kultur in Analyse, die sich innerhalb dieser Kultur in der Hierarchie ihres Berufsstands durchgesetzt hatten. Die Ambivalenz gegenüber dieser anderen Kultur oder die Überhöhung von ihr und auch des Erfolgs in ihr brachten wir mit, auch die Idealisierung und eher unbewusste Ambivalenz gegenüber der Psychoanalyse. Das brachte meines Erachtens eine besondere Spannung in die psychoanalytische Situation: Der Lehranalytiker war vielleicht fremder und idealisierter, dadurch sowohl begehrenswerter als auch bedrohlicher, als es ein Ostanalytiker gewesen wäre. Gleichzeitig schlossen sich bestimmte gesellschaftsspezifische Übertragungssituationen aus, er konnte zum Beispiel nur mit größter Unwahrscheinlichkeit ein IM der Stasi gewesen sein. Heute sind wir als Ostlehranalytiker nicht so begehrenswert und eher mit spezifischen Abwertungen konfrontiert.

Auf der Westseite bestand der Wunsch, nicht nur die Psychoanalyse in den Osten zu tragen, sondern auch die Formen der Institutionalisierung, die man in einem langen Prozess gefunden und aufgebaut hatte. Wogegen wir anfangs eigentlich unsere eigenen Formen für unseren Weg zur Psychoanalyse finden wollten. Und wir hätten dazu auch genügend Ideen und Engagement gehabt. Uns schwebte zum Beispiel vor, die Lehranalyse eben nicht am eigenen Institut zu installieren, andere Fachgruppen und Interessierte einzubeziehen, also die Laienanalyse zuzulassen, und anderes mehr.

Ich denke, dass diese Phase vorbei ist. In einem teilweise sehr schmerzlichen Anpassungsprozess, der durch den Druck des Psychotherapeutengesetzes enorm beschleunigt wurde, sind die Ostinstitute in ihrer Art und ihrem Reglement kaum noch von den Westinstituten zu unterscheiden. Und manchmal bekomme ich das Gefühl, mich unter Konvertiten zu befinden beziehungsweise selbst eine zu sein, die einerseits besonders eifrig die neu erworbenen Lehren vertreten müssen, um dann andererseits selbst immer wieder aus der Rolle zu fallen. So ist zum Beispiel die Gemeinschaft der Gründungsgruppe des Ostberliner Instituts, der APB, unter anderem an der Frage auseinandergebrochen, ob die Lehranalyse am eigenen Institut stattfinden muss oder bei Lehranalytikern anderer Institute stattfinden soll. Das lag natürlich auch an den Statuten der DGPT, denen wir uns unterzuordnen hatten.

Als wir auf die westdeutsche Psychoanalyse trafen, hatten wir manchmal den Eindruck, dass sie ihre eigene Etabliertheit nicht mehr wahrnahm, sich kaum noch mit ihrer Stellung in der Gesellschaft und mit Kulturkritik befasste. Heute glaube ich, dass dies nur teilweise stimmt. Genau wie in der 68er-Generation gibt es das Phänomen der *Ungleichzeitigkeit* in Ost und West. Als wir mitten in den eigenen gesellschaftlichen Umwälzungen mit unserem frischen und neuen Blick die andere Gesellschaft und die psychotherapeutische Landschaft betrachteten, nahmen wir Verhältnisse wahr, die unsere Kollegen schon 20 oder 10 Jahre früher reflektiert und auch kritisiert hatten, wie zum Beispiel in der von Lohmann 1983 herausgegebenen Streitschrift *Das Unbehagen in der Psychoanalyse*. Was uns neu auf der Haut brannte, hatten sie in verschiedenen Prozessen schon durch- und abgearbeitet. Wenn man sich zum Beispiel den Tagungsband zum

50-jährigen Jubiläum der DPV ansieht, kann man nicht davon sprechen, dass er sich zu wenig mit der Stellung der Psychoanalyse in der Gesellschaft oder gesellschaftlichen Problemen der Psychoanalyse beschäftigen würde. Decker, Rothe und Brosig haben sich in einer Untersuchung der Zeitschrift *Psyche* aus den Jahrgängen 2005 und 2006 mit der 1978 von Paul Parin aufgeworfenen Frage befasst: »Wie nehmen die Analytiker zu brennenden Zeitfragen Stellung?« In ihrer Analyse der Beiträge dieser beiden Jahre fanden sie heraus, dass sich 17 Prozent der in der *Psyche* abgedruckten Texte mit »brennenden Zeitfragen« beschäftigen, allerdings keine einzige Auseinandersetzung mit der DDR-Geschichte oder der jüngsten Geschichte der Bundesrepublik zu finden ist (2007). Meine Hypothese ist, dass mein Gefühl des Nichtwahrnehmens gesellschaftlicher Probleme in der Psychoanalyse aus dem Gefühl des Nichtwahrgenommenwerdens als Ostdeutsche kommt. Zum Beispiel befassen sich die von unserem Ostberliner Institut herausgegebenen Tagungsbände dezidiert mit ostdeutscher Geschichte – sie werden von westdeutschen Kollegen einfach nicht gelesen und nur sehr wenige von ihnen finden den Weg zu unseren Tagungen (aber auch die Kollegen aus Leipzig oder Halle kommen nicht). Geht hier eine Abspaltung der Wahrnehmung von Ostdeutschland einfach weiter, die ja schon vor dem Mauerfall so eklatant war? Oder sind andererseits die ostdeutschen Psychotherapeuten durch ihre Lernprozesse in der westdeutschen Psychoanalyse so aufgegangen, dass sie kaum noch mit eigener Stimme sprechen? Ist dies auch eine Art der Verleugnung der ostdeutschen Herkunft, die die Gefühle der Ambivalenz und Scham noch nicht genügend durchgearbeitet hat? Soll so das Blauhemd vergessen werden, das manche von uns getragen haben?

Die Fragen, die ich hier aufgeworfen habe, münden für mich auch in die Frage, ob ich, wenn ich meine Herkunft eben nicht verleugnen möchte, dem inneren Objekt DDR gegenüber jemals eine depressive Position werde einnehmen können. Ob ich der DDR vergeben kann, was ja Arendt als eine Möglichkeit der Freiheit sieht. Es würde bedeuten, gegenüber einem paranoid geprägten Objekt, dessen verfolgende Seiten ich auch durchaus zu spüren bekam, eine Haltung der Trauer und der Wiedergutmachung einzunehmen. Dies geht aber einem Gesellschaftssystem gegenüber meines Erachtens nicht, und so stehe ich zu meinem Werturteil und auch zu meinem Hass – zu viel von meiner Lebenszeit musste ich in unwürdigen Konflikten verschleißen. Es ist aber eventuell möglich, den Menschen zu vergeben, die in diesem System gelebt haben, weil sie aus ihrer individuellen Geschichte verstehbar sind. Ich denke, unsere westdeutschen KollegInnen werden durch uns zu sehr an ihre eigenen Kämpfe mit ihrem inneren Objekt Nationalsozialismus erinnert, die für sie und uns immer noch aktuell sind. Es hat auch eine Entlastungsfunktion, uns als noch mehr vergiftet, mehr diktaturinfiziert und weniger fortgeschritten in der Bewältigung zu sehen. Christian Pross, Westberliner Psychotherapeut und lange Zeit Leiter des Zentrums für Folteropfer, hat sich 1994 in einem Text mit »Abwehr und Projektionen in der Konfrontation mit Patienten aus der DDR« beschäftigt. Er findet starke Worte: »Die Patienten aus der DDR erinnern uns an unser eigenes Wegsehen, an unsere Rechtfertigung oder Hinnahme der Mauer als ›antifaschistischer Schutzwall‹ [...]. Die Ossis sind wie tiefgefrorene Nazis, die in der realsozialistischen Kühlkammer fast fünfzig Jahre lang konserviert und jetzt von Gorbatschow aufgetaut worden sind [...] Sie mobilisieren unseren Selbsthaß.« In der Auseinandersetzung mit uns Ostdeutschen wird dabei leicht vergessen oder einfach nicht gewusst, dass manche von uns auch schon vor der Wende intensive Reflexionsprozesse durchgemacht haben. Wir haben uns zum Beispiel in der oppositionellen Gruppe, der ich angehörte, dezidiert mit dem Stalinismus befasst, mit der Totalitarität, die der DDR durch die sowjetische Besatzungsmacht strukturell aufgezwungen war. Und wir haben es eben vermocht, uns vom äußeren totalitären Objekt DDR selbst zu befreien, im Gegensatz zu den Deutschen 1945. Dieser Befreiung gingen natürlich auch eigene Auseinandersetzungsprozesse mit dem Nationalsozialismus voraus. Dass diese Auseinandersetzung anders und auch anders unvollkommen war als im Westen, wissen wir durchaus, und sie bleibt Gegenstand unseres weiteren Nachdenkens.

Wie kann heute in der Therapiesituation »alles frei durchdacht und frei erörtert werden«? Oder wie kann nach Freud die Analytikerin »dem Ich des Kranken die Freiheit schaffen, sich so oder anders zu entscheiden?« (1923, 317). Ich denke nur dann, wenn sie sich der vielfältigen Begrenzungen der analytischen Freiheit auch heute genau bewusst wird, diese Begrenzungen gut reflektiert und ihre Auswirkungen dann, nach Hannah Arendt, sich und auch ihrem Patienten verzeiht. Damit meine ich jetzt kein alles überdeckendes und zudeckendes Verzeihen, sondern das der Grandiosität entgegenstehende Gewähren der depressiven Position. Wir wissen alle, dass diesem Verzeihen überhöhte Ich-Ideale der Analytikerin massiv entgegenstehen können, die das Bewusstwerden der eigenen Grenzen immer wieder unterlaufen. Aber auch den Patienten verzeihen wir nicht immer wirklich, sondern üben uns manchmal in mehr oder weniger subtilen Entwertungen.

Gleichzeitig würde ich mir wünschen, dass die Analytikerin sich und ihrem Patienten verspricht – die Bedingung der Freiheit für die Zukunft – trotz allem immer wieder zu versuchen, die gesellschaftlichen Bedingungen, die die Freiheiten der psychoanalytischen Situation einschränken, zu reflektieren und auch zu verändern. Das heißt natürlich in ihrem Selbstreflexionsprozess nicht stehenzubleiben, aber auch, sich für Politik und Berufspolitik zumindest zu interessieren. Sich zum Beispiel darüber Gedanken zu machen, was ein Antrag an den Gutachter innerhalb des Kassensystems bedeutet, was geplante Telefonüberwachung und Vorratsdatenspeicherung für sie bedeuten und welchen neuen gesellschaftlichen Anpassungsmechanismen nach Parin sie eventuell selbst unterliegt. Und es heißt natürlich auch, in der Ausbildung Bedingungen zu schaffen, in denen man lernen kann, sich selbst und den Patienten zu verzeihen.

Psychoanalyse als Kulturkritik ist subversiv. Eine Gedichtzeile des nichtkonformen Dichters Bert Papenfuß aus der DDR soll am Ende dieses Texts stehen: »Was man angefangen hat, muß man auch verändern.« (1988, 153)

Literatur

Arendt, H. (1958/1967, 1970): *Vita activa*. München, Zürich: Piper.

Brecht, K. et al. (Hrsg.) (1985): *»Hier geht das Leben auf eine sehr merkwürdige Weise weiter...«. Zur Geschichte der Psychoanalyse in Deutschland.* Hamburg: Kellner.

Decker, O.; Rothe, K.; Brosig, B. (2007): »Kritische Glosse«. In: *Psyche*, 61, 1270-1280.

Freud, S. (1930a): *Das Unbehagen in der Kultur.* Studienausgabe IX, 1982, Frankfurt a. M.: S. Fischer.

Freud, S. (1923b): *Das Ich und das Es.* Studienausgabe III, 1982, Frankfurt a. M.: S. Fischer.

Lockot, R.; Bernhardt, H. (Hrsg.) (2001): *Mit ohne Freud.* Gießen: Psychosozial.

Lohmann, H.-M. (Hrsg.) (1983): *Das Unbehagen in der Psychoanalyse.* Frankfurt a. M., Paris: Qumran.

Meador, M. (1982): *Injektion als Bestrafung.* Unveröffentl. Vortrag.

Meador, M. (1999): *Vom armen Vögelchen, das im Käfig bleiben musste.* Unveröffentl. Text.

Papenfuß, Bert (1988): *dreizehntanz.* Berlin, Weimar: Aufbau.

Pross, C. (1994): *Abwehr und Projektionen in Konfrontation mit Patienten aus der ehem. DDR.* Unveröffentl. Text.

Sandler, A.-M. (2007): »Psychoanalyse in Deutschland heute und morgen«. In: Springer, A.; Münch, K. (Hrsg.) (2007): *Psychoanalyse heute?!.* Gießen: Psychosozial, 49-62.

Seidler, C.; Froese, M. J. (2002): *DDR-Psychotherapie zwischen Subversion und Anpassung.* Berlin: edition bodoni.

Arndt Ludwig

Untergang und Wiederkehr der Psychoanalyse zur Zeit der kommunistischen Diktatur in Ostdeutschland

Als ich mit meiner Frau im September 1989 »in dringenden Familienangelegenheiten« – nur unter diesen Bedingungen war damals, wenn überhaupt, eine Reise in die »BRD« möglich – bei Verwandten in Trier weilte, hörte ich ein Interview in der Tagesschau der ARD vom 10. September, in dem Gyula Horn, damaliger ungarischer Außenminister, die Grenzöffnung nach Österreich ohne Absprache mit Moskau für DDR-Bürger verkündete. Für uns alle gibt es immer wieder ganz einschneidende, über das Persönliche hinausgehende, gesellschaftspolitische Ereignisse, die uns detailliert den Ort, die unmittelbaren Lebensumstände und unsere Handlungen sofort vor Augen führen, wenn wir uns an diesen Tag erinnern. Noch heute, wenn ich diese Zeilen schreibe, fühle ich die tiefe emotionale Erschütterung, die mich beim Anblick der vielen über die ungarische Grenze nach Österreich flüchtenden DDR-Bürger ergriff.

Wir wissen, was dann folgte. Um einen Buchtitel von Horst-Eberhard Richter, *Flüchten oder Standhalten* (Richter 1976), zu zitieren: Es gab zum einen die Menschen in den Botschaften der CSSR und Polens, die flüchten wollten und zum anderen die, die standhielten, die ihren Protest auf den wöchentlich anschwellenden Montagsdemonstrationen herausschrien; beide brachten das marode kommunistische System der DDR zum Zusammenbruch. Davor lagen für die Menschen in Ostdeutschland, von wenigen Nachkriegsjahren einmal abgesehen, fast 56 Jahre Diktaturerfahrung, zunächst 12 Jahre nationalsozialistische und dann 44 Jahre kommunistische.

In jenem September 1989 konnte ich nicht ahnen, dass ich 19 Jahre später, am 1. Mai 2008, auf einer sehr bewegenden Mitgliederversammlung der DPV in Hamburg, stolz einen Antrag der Mitglieder des Fachbereichs »Hochfrequente Psychoanalyse« (Arbeitsgemeinschaft der DPV am Leipziger Sächsischen Institut für Psychoanalyse und Psychotherapie) auf

Aufnahme in die DPV und damit in die internationale psychoanalytische Gemeinschaft stellen durfte. Mit der einstimmigen Annahme und Anerkennung des Fachbereichs »Hochfrequente Psychoanalyse« als erste Psychoanalytische Arbeitsgemeinschaft der DPV auf dem Boden der ehemaligen DDR wurde der 1936 durch die nationalsozialistische Diktatur abgerissene Faden wieder aufgenommen und eine geistige Verbindung zu der von Therese Benedek vor über 80 Jahren einst ins Leben gerufenen Institution wiederhergestellt (Ludwig 2008, 35).

Therese Benedek, die aus Ungarn stammende, zierliche, analytisch hochbegabte und beherzte Frau, war es, die die Freud'sche Psychoanalyse nach Leipzig brachte (May 2000, 51ff.), eine kleine analytische Gemeinschaft aufbaute, die sich im Juli 1927 als »Leipziger Arbeitsgemeinschaft der DPG« konstituierte und im Januar 1928 von der DPG bestätigt wurde (May 2000, 64). Am 31. März 1936 kam es unter dem Druck existentieller Bedrohung, vor allem für die Jüdin Benedek, zur feierlichen Selbstauflösung der Arbeitsgemeinschaft. Der Ablauf war damit anders als in Berlin. Für Therese Benedek gab es offenbar keinen geeigneten Nachfolger, der die Gruppe hätte weiterführen können. Die Psychoanalyse in Deutschland versank zusammen mit anderen geistig-kulturellen Strömungen im Meer der nationalsozialistischen Barbarei.

Kaum einer der jüdischen Analytiker aus der ersten Generation nach Freud kehrte nach dem Zweiten Weltkrieg nach Deutschland oder Österreich zurück. »Die Psychoanalyse wurde zu einer angloamerikanischen Angelegenheit, hatte dort überlebt und sich unter Vermischung mit verschiedenen kulturellen Phänomenen weiterentwickelt.« (Junker 1999, 57)

Jeder Analytiker weiß um die Störbarkeit des analytischen Raums, der analytischen Identität, um das ständige Ringen mit der Wahrheit und den immer wieder plagenden eigenen Zweifeln an seinem Wirken. Das gehört zu diesem unmöglichen Beruf. Unverzichtbar sind daher für die Arbeitsfähigkeit, regelmäßiges analytisches Arbeiten, das Eingebettetsein in einer psychoanalytischen Institution oder einer Arbeitsgemeinschaft und die Zugehörigkeit zu einer Fachgesellschaft von Gleichgesinnten, die einen lebendigen, freien, geistigen und streitbaren Austausch pflegen, eingebunden in ein Staatsgefüge, in dem demokratische Grundrechte gewährleistet sind.

Nach dem Krieg schienen sich endlich wieder Bedingungen herauszubilden, die jene Entwicklungen hätten möglich werden lassen. Gerade in Berlin, auch in Ost-Berlin waren günstige Bedingungen für einen Neuanfang gegeben (Höck 1979, 8ff.). Einige wesentliche, markante Persönlichkeiten, Ereignisse beziehungsweise Verfahren waren zum Beispiel das Verhalten Walter Hollitschers, der Pawlow-Kongress und die Bedeutung der Intendiert Dynamischen Gruppenpsychotherapie nach Höck, auf die ich mich beschränken muss. Heike Bernhardt, Regine Lockot (2000) und andere Autoren haben versucht, in ihrem Buch *Mit ohne Freud* eine Geschichte der Psychoanalyse in Ostdeutschland zu schreiben.

Mit der Spaltung Deutschlands 1949, der Gründung zweier deutscher Staaten und der Errichtung der kommunistischen Diktatur in der DDR war der Untergang der nach dem Krieg erneut aufkeimenden Psychoanalyse für die sowjetische Besatzungszone vorprogrammiert. Das zunächst für viele Jahre endgültige Aus für die Psychoanalyse wurde auf der vom damaligen Ministerium für Gesundheitswesen und dem Staatssekretariat für Hochschulfragen veranstalteten Pawlow-Tagung in Leipzig am 15. und 16. Januar 1953 besiegelt. Medizin, Psychologie, Pädagogik und Philosophie erfuhren eine ideologische Ausrichtung auf die Lehre Pawlows, die über viele Jahre bestimmend bleiben sollte. Damit verbunden war die öffentliche Entwertung der Freud'schen Psychoanalyse und ihr offizieller Ausschluss, aber nicht ihr Verbot.

Drei ausgebildete Psychoanalytiker, die Kommunisten und Antifaschisten Walter Hollitscher, Alexander Mette und Dietfried Müller-Hegemann, beteiligten sich mit Vorträgen maßgeblich an der Demontage der Psychoanalyse in der jungen DDR (vgl. Bernhardt 1998, 11ff.).

Freuds Lehre wurde als »antihumaner Ausdruck des Imperialismus« bezeichnet. Pawlows Lehre von den bedingten Reflexen und dem zweiten Signalsystem wurde zum Sinnbild des Materialismus erkoren, womit beide, Freud wie Pawlow, im ideologischen Kampf des Kalten Kriegs benutzt und missbraucht wurden. Diese Tagung hatte ihr Ziel erreicht. Freud wurde durch Pawlow ersetzt. Während dieser Zeit verließen fast alle Ostberliner Ärzte und Psychologen, die am Westberliner Institut in psychoanalytischer Weiterbildung waren, die DDR (vgl. Sommer 1997, 139). Keiner, mit nur einer Ausnahme, schloss die Ausbildung ab (Lockot 2002).

Es drängt sich die Frage auf, welche äußeren und inneren Beweggründe bei ausgebildeten Analytikern (Hollitscher und Mette waren immerhin

Mitglieder der IPA), solch einen Wandel bewirkt haben. Was führte dazu, dass sich Mette und Müller-Hegemann in der NS-Zeit zur Psychoanalyse bekennen konnten, nicht mehr aber zu DDR-Zeiten? Warum verlor Hollitscher seine Überzeugung, dass sich die Psychoanalyse mit dem Marxismus vereinbaren lässt? Heike Bernhardt (1998, 11ff.) hat in ihrer Arbeit *Mit Sigmund Freud und Iwan Petrowitsch Pawlow im Kalten Krieg – Vom Untergang der Psychoanalyse in der frühen DDR* eine differenzierte und einfühlsame Beantwortung dieser Fragen versucht.

Der hochbegabte Hollitscher studierte Medizin, Philosophie und Biologie und ließ sich in Wien und London psychoanalytisch weiterbilden. Einerseits gibt es Hinweise auf eine abgeschlossenen Ausbildung und Mitgliedschaft in der IPA, andererseits sagt der Philosoph Dieter Wittich (2003) in einem Aufsatz über Hollitscher: »Für eine Tätigkeit als approbierter Psychoanalytiker wiederum fehlten ihm die entscheidenden Abschlusszeugnisse.« (Wittich 2003, 20) Er war von frühester Jugend an eng mit den kommunistischen Ideen verbunden und setzte sich noch in der Zeit zwischen 1945 und 1950 in zwei Aufsätzen, »Pawlows große Entdeckung« (Hollitscher 1951, 138ff.) und »Kritik der Psychoanalyse« (Hollitscher 1951, 335ff.), mit beiden Auffassungen unideologisch und im wissenschaftlichen Sinne, aber eben auch schon sehr kritisch mit der Psychoanalyse auseinander. Einerseits unterstreicht er entschieden Freuds Arbeiten auf therapeutischem Gebiet: »Es ist als wären Freuds Arbeiten auf dem Gebiete der Neurosenlehre nicht erschienen, als seien psychische Konflikte, die zur Krankheit führen, durch ein paar freundliche oder strenge Worte wegzublasen, als wäre der Nachweis unbewusster psychischer Reaktionen nicht geführt worden. Es ist grotesk, so zu tun, als wäre sie nicht durch Freud zum Gegenstand exakter wissenschaftlicher Problemstellung geworden.« (Hollitscher 1951, 336f.) Andererseits kritisiert er die »tiefen theoretischen Schwächen« (ebd., 338) Freuds, indem er sagt:

> Die Therapie der Psychoanalyse lenkt die geheilten Kranken von der gesellschaftlichen Aktivität und ihre heilenden psychiatrischen Ärzte von dem Felde der wissenschaftlichen Sozialpsychologie und -medizin ab, welche die konkreten historischen Bedingungen für die psychische Gesundheit der Menschen zu erforschen und im politischen Kampfe zu verwirklichen hat: im Kampf um den Sozialismus. (ebd., 339)

Gerade einer, der später zu einem der bekanntesten Dissidenten der DDR wurde, Robert Havemann, übte 1951 in der Parteizeitung der SED vernichtende Kritik an den Schriften Hollitschers. Diese Äußerung ist typisch für eine weit über die wissenschaftliche Auseinandersetzung und Kritik hinausgehende politische Drohung; das ist der Stil jener stalinistischen Zeit, der Wissenschaftlern Angst machen und sie sukzessive auf »Linie« bringen sollte. Dort, wo vermeintlich wissenschaftliche Argumente nicht ausreichten, wurde die ideologische Keule geschwungen. Havemann schreibt:

> Aber obwohl er sich in Worten einer Kritik Freuds anschließt, verfolgt Hollitscher unverkennbar die Tendenz, von Freud zu retten, was zu retten ist. Es ist kaum übertrieben, wenn man feststellt, dass in dieser Kritik das ganze Programm der Psychoanalyse als große wissenschaftliche Entdeckung gefeiert wird [...]. Erkennt der Genosse Hollitscher heute nicht, dass die Psychoanalyse grundsätzlich nichts mit Wissenschaft zu tun hat, sondern im Gegenteil nur ein Beispiel dafür ist, wie die barbarische Ideologie des Imperialismus eine noch unentwickelte Wissenschaft – die Psychologie – mit einem Schlage zu zerstören sucht. Die Psychoanalyse ist eine antihumanistische barbarische Ideologie, denn sie macht die tierischen Triebe zur Grundlage der menschlichen Psychologie und verleugnet die Beherrschung des Tierischen in uns durch die Kraft des menschlichen Bewusstseins. [...] in der Sowjetunion wurde Anfang der 30er Jahre die Diskussion über die Psychoanalyse abgeschlossen und ihr reaktionärer, unwissenschaftlicher und mystischer Charakter nachgewiesen. (Havemann 1951, 1635f.).

Für Bernhardt war diese politische Zurechtweisung nicht ohne Wirkung. Auf dem Pawlowkongress in Leipzig bekannte Hollitscher dann in seinem Vortrag, dass in der Lehre Freuds das »Unbehagen in der imperialistischen Phase der kapitalistischen Gesellschaftsordnung [...] wissenschaftsfeindlichen und antihumanen Ausdruck gefunden« (Hollitscher 1953, 140ff.) habe.

Dieser außergewöhnlichen Schärfe Havemanns könnte ein Neidaspekt zugrundeliegen, galt Hollitscher doch als marxistischer »Universalgelehrter«, dem schon einmal 1950 bei dem Versuch der Veröffentlichung seiner Naturdialektik mangelnde Parteilichkeit und »Westorientierung« vorgeworfen wurde. Ein Gremium unter der Leitung von Kurt Hager, an dem auch Robert Havemann beteiligt war, sprach die Verurteilung aus (Steigerwald 2003, 65ff.). Vorgehalten wurde ihm der Einfluss des »Wiener

Kreises« und der englischen Wissenschaftlerlinken (Wittich 2003, 15ff.). Wittich meint: »Hollitscher wich von den insbesondere durch Stalin gesetzten Normen philosophischer Darbietungen in Sprache, Inhalt und Methode deutlich ab. Sein Buch durfte nicht erscheinen.« (Wittich 2003, 38) Er war nicht bereit, sich auf den Sprachstil Stalins einzulassen. Das spricht eher gegen ein schnelles ideologisches Einknicken.

Im Jahre 1953 verschwand Hollitscher aus dem Vorlesungsbetrieb und wurde für kurze Zeit »in der DDR und offensichtlich durch sowjetische Dienststellen inhaftiert und dann nach Österreich ausgewiesen. Er stand unter dem Verdacht während seines englischen Exils Kontakte zu ›sowjetfeindlichen Agenten‹ gepflegt zu haben.« (Wittich 2003, 19) Ingeborg Rapoport, eng befreundet mit Hollitscher, macht dazu in ihren Lebenserinnerungen einige vage Angaben: »Das Schicksal von Hollitscher hat wenigstens zum Teil (mit) Robert Havemanns Verhalten zu tun. Die Beziehungen zwischen Hollitscher und ihm brachen jedenfalls mit Walters Verhaftung abrupt ab.« Sie habe sich »der Vermutung nicht erwehren [können], dass er [Havemann] sich irgendwelcher Unterstützung mir unbekannter Mächte sicher war.« (Rapoport 1997, 323). Was wirklich geschah, bleibt uns letztlich bis heute verborgen.

All dies konnte ihn aber nicht davon abbringen, seinen Weg als Kommunist infragezustellen. Später, in den 1960er Jahren, hielt er fast bis zu seinem Tod regelmäßig Gastvorlesungen an der Karl-Marx-Universität Leipzig. Die Identifizierung mit den kommunistischen Ideen bestimmte sein Leben und hatte absolute Priorität. Seine analytische Identität, wenn er sie denn je hatte, war immer schon unsicher. So schreibt er in seinen autobiographischen Notizen: »Er [ein Metallarbeiter] prägte meine Beziehung zu Arbeitern fürs Leben. Ich war damals 13 Jahre alt, es war das Jahr von Lenins Tod, 1924. Seitdem bin ich Kommunist, und ich habe nie geschwankt in meiner Bindung an die revolutionäre Partei der Arbeiterklasse, die meinem Leben Orientierung und Zweck verlieh.« (Hollitscher 1981, 161)

Hörz (2003, 52) meint, man tue Hollitscher Unrecht, wenn ihm eine parteipolitisch verordnete Wende von Freud zu Pawlow wider besseren Wissens unterstellt werde. Er hätte sie nie allein aus Parteidisziplin vollzogen. Hollitscher habe sich schon vor seiner Emigration und dann vor allem in seinen Vorlesungen zur Naturdialektik von 1949/50 kritisch mit Freud auseinandergesetzt und sich auf Pawlow berufen. Er brauchte keine politischen Beschlüsse, um sich wissenschaftlich fundiert und kritisch mit den philosophischen Strömungen in den Humanwissenschaften und auch in der Psychoanalyse auseinanderzusetzen. Dazu sein Freund, der marxistische Philosoph und Wissenschaftshistoriker Herbert Hörz:

> Hollitscher nahm Parteibeschlüsse sehr ernst. Sie konnten ihn zur Prüfung eigener Auffassungen veranlassen, auch zu Fehleinschätzungen. Gegen die Linie der Partei aufzutreten, war ihm zuwider. Doch ging es bei Freud und Pawlow um Gebiete, die er selbst intensiv bearbeitet hatte. Seine Meinung zu solchen prinzipiellen wissenschaftlichen Fragen änderte er nur mit entsprechenden wissenschaftlichen Argumenten, die sich eventuell später als nicht haltbar herausstellen konnten. (Hörz 2003, 47)

Mit der Psychoanalyse beschäftigte er sich weiterhin, verließ aber seinen kritischen Standpunkt nicht, wenn er 1970 in »Aggression im Menschenbild« sagt: »Ist der Mensch letztlich Schöpfer seiner selbst, wie der Marxismus dies dartut, dann ist jedes die Psychologie biologisierende und die Geschichte psychologisierende Menschenbild, wie Freud es bewusst vertritt, vom Ansatz her mit dem Marxismus unvereinbar.« (Hollitscher 1970, 76)

Erwähnt sei noch Mette, der seine Lehranalyse bei Therese Benedek in Leipzig gemacht hatte und seine Analysen von Karen Horney in Berlin kontrollieren ließ. Er beschäftigte sich in seiner ersten Veröffentlichung 1930 mit der Vereinbarkeit von Psychoanalyse und Marxismus (Mette 1930, 53-56). Sein Lieblingsthema aber war die Verbindung von Kunst und Psychoanalyse. Später entfernte er sich zunehmend von der Psychoanalyse. Er gab 1946 seine Praxis auf, nachdem eine Professur an der Humboldt-Universität gescheitert war und ging nach Thüringen in die Gesundheitspolitik. Auch wenn er immer mehr auf Pawlow setzte, veröffentlichte Mette zum 100. Geburtstag Freuds eine kleine Biographie, die einzige Freud-Biographie (Mette 1956), die je in der DDR erschien. Müller-Hegemann, ein weiterer Analytiker, befand, dass der Autor dieser Biographie die Nachteile der Psychoanalyse noch zu wenig deutlich gemacht hätte. Prompt erschienen in der dritten Auflage drei anhängende Texte zu Pawlow (Mette 1958). Mit einer scharfen antianalytischen Kontroverse zwischen Müller-Hegemann und Schultz-Hencke, seinem Lehranalytiker, endete zunächst erst einmal der geistige Exodus der Psychoanalyse aus der DDR. Dass sich hier von den Ideen eines genialen Mannes verabschiedet wurde, der uns bereits Antworten auf Fragen, die wir noch gar nicht gestellt hatten, gegeben hatte, war bitter. Noch bitterer war, dass sich ehemalige Psychoanalytiker, die in Nazideutschland mit der Psychoanalyse noch eng verbunden waren, an der geistigen Demontage beteiligten, selbst ein so philosophisch gebildeter Geist wie Walter Hollitscher. Kritik verdient dabei nicht die wissenschaftliche Auseinandersetzung mit Freud, sondern die Art und Weise, die einer öffentlichen geistigen Verdammung gleich kam.

Die im »Dritten Reich« beschädigte Psychoanalyse wurde in den 1950er Jahren der DDR ideologisch vehementer bekämpft als im Nationalsozialismus, obwohl explizit nie ein Verbot ausgesprochen und kein Therapeut am analytischen Arbeiten je gehindert wurde, solange er damit nicht an die Öffentlichkeit ging. Auch die Bücher von Freud standen zwar auf dem Index, waren aber durchaus in den Bibliotheken der Nervenkliniken zu haben, wo sie aber ungelesen verstaubten. Es gab keine analytische Kultur mehr, und es gab keine Lehrer, die sich für die Psychoanalyse hätten stark machen können. Von nun an »heilte« man Neurosen in einem alles zudeckenden Schlaf, durch die überall einzurichtende Pawlow'sche Schlaftherapie. »Wer schläft, der sündigt nicht«, und begehrt gleich gar nicht auf.

Die Versuche von Alexander Beerhold (bei Boehm von 1935-1936 in Lehrbehandlung) in Leipzig, der zeitlebens an der Analyse festhielt, ein medizinpsychologisches Institut einzurichten, scheiterten. Er wurde damals aus formalen Gründen – er sei ein unbeschriebenes Blatt – nicht in die DPG aufgenommen und war somit ohne jegliche Anbindung an eine Gruppe »Gleichgesinnter«. Privat habe er als Therapie getarnte Lehranalysen durchgeführt. So war beispielsweise der als Oswalt Kolle der DDR bekannte Sexualwissenschaftler Siegfried Schnabel bei ihm in Analyse (Lockot 2000, 252).

Dann gab es noch einen einsamen Rufer in der Wüste, einen einflussreichen Schriftsteller zwar, einen Freund Freuds, namens Arnold Zweig, der sich immer wieder für Freud einsetzte und sicher mehr für ihn hätte erreichen können. Aber er war wohl ein Zauderer, ein Hamlet, wie er selbst im Nachwort seines bereits auf Anraten von Anna Freud 1948 begonnenen, erst 1962 beendeten und spät 1996 erschienenen Werks *Freundschaft mit Freud* bekennt. Ihm gelingt 1956, vielleicht auch das Tauwetter des XX. Parteitages der KPdSU, in dem Chruschtschow die Entstalinisierung einleitet, nutzend, eine warmherzige Würdigung Freuds zum 100. Geburtstag in der Zeitschrift *Neue Deutsche Literatur* (Zweig 1956, 89-95). Dazu erscheint im gleichen Heft eine erstmals in der DDR veröffentlichte Freudarbeit: »Das Motiv der Kästchenwahl« (Freud 1913f, 257ff.). Einerseits betont Zweig, der selbst mindestens bei drei Analytikern in Analyse war, immer wieder die Bedeutung der Beziehung zu Freud, kann sich aber offenbar dennoch nicht durchsetzen, wenn es beispielsweise um die Drucklegung der Werke Freuds in der DDR geht. Eine interessante Interpretation gibt Cremerius (1973, 658ff.), der Zweig in einer unaufgelösten Übertragungsliebe zu Freud sieht und dies gut zu belegen weiß. Zweig hält an der Idealisierung Freuds und seiner Psychoanalyse fest und kann sich dadurch zu einer wirklichen Auseinandersetzung mit ihm und ihr nicht durchringen.

Dann wurde es ganz still. Erst Ende der 1970er Jahre gab es wieder vereinzelt, vorwiegend philosophische Arbeiten, die sich kritisch und unideologisch mit dem Werk auseinandersetzten (zum Beispiel Böttcher 1979; Helm 1979; Hörz 1975; Kätzel 1977).

Im Mai 1981 fand in Bernburg aus Anlass von Freuds 125. Geburtstag eine medizinische Arbeitstagung statt, die jedoch überwiegend in historischen Betrachtungen steckenblieb. So findet Alexander (1981, 48): »und das sollte hier ebenfalls bereits deutlich gesagt worden sein – besteht schon von der Wurzel her in philosophisch-ideologischer Hinsicht eine prinzipielle Gegnerschaft der marxistisch-leninistischen Philosophie im Verhältnis zu den weltanschaulichen Positionen der Psychoanalyse, wie sie sich gerade in Freuds Verständnis des ›Unbewussten‹ artikulieren.«

Bis zur Wende 1989 gab es in der DDR keine Psychoanalyse wie in Westeuropa üblich. Es gab zunächst überhaupt einen Mangel an »öffentlichkeitswirksamer Psychologie«. Und es gab »Ersatztherapeuten«, die Schriftsteller, aber auch andere Kunstschaffende, die zunehmend in ihren Werken Subjektivität und Individualismus zur Geltung brachten, individuelle Konflikte ihrer Protagonisten, einschließlich ihres Scheiterns beschrieben. Auf der ersten Tagung unserer auf Initiative von Paul Franke 1979 gegründeten Arbeitsgruppe »Psychosomatische Gynäkologie« wurde Christa Wolf von den Teilnehmern wie eine Heilsbringerin gefeiert und von der Staatsgewalt beargwöhnt. In ihrem Festvortrag assoziierte sie zu der Frage, ob Liebesentzug krankmachen kann (Wolf 1986, 284; Ludwig 2000, 52).

Teile der verlorengegangenen Psychoanalyse feierten ihre Wiederkehr in erster Linie in der Literatur der DDR (Ludwig 1999, 63). Franz Fühmann forderte immer wieder vehement die Herausgabe Freud'scher Schriften. In der Spektrum-Reihe des Verlags Volk und Welt erschien erstmals 1982 ein broschiertes, mit einem schwarzen Umschlag versehenes Büchlein mit wenigen, aber bedeutsamen Schriften Freuds. Wie zutreffend gab die Arbeit »Trauer und Melancholie« den Titel. Dieses Büchlein, obwohl ich Zugang zu westlicher Literatur hatte, hütete ich wie meinen Augapfel. Es war damals für mich wie ein Symbol für ein verlorenes und wiedergefundenes Objekt. Der Essayist, der Dichter Freud war in die DDR zurückgekehrt. Fühmann und Simon, die Herausgeber, hatten es möglich gemacht. Weitere Werke folgten. Beachtenswert ist ein Gespräch zwischen den Herausgebern über die Bedeutung Freuds und der Psychoanalyse, die weit über das hinausgeht, was der damaligen offiziellen Psychotherapie der DDR in Bezug auf Freud möglich war. So sagt Fühmann (1982, 227) am Ende des Gesprächs:

Aber dieses Bändchen ist ein Anfang, und ich freue mich auf den Augenblick, da ich es in der Hand halten werde. Freud gehört zu den überragenden Geistern dieses Gesamtkomplexes 19./20. Jahrhundert, und es entspricht einfach dem Begriff der gebildeten Gesellschaft, über sein Werk zu verfügen, sich mit ihm auseinanderzusetzen zu können und dann sich auch wirklich auseinanderzusetzen. Es hat mich geschmerzt, dass Freud bei uns nicht präsent war. Zudem ist er einer der großen Stilisten deutscher Zunge. Gewiss, Volk und Welt ist ein belletristischer Verlag, aber es müssen ja nicht immer die Dichter sein. Auch Luther war kein Dichter. Wir müssen auch die große Essayistik pflegen, dieses Mittelding zwischen Dichtung und Wissenschaft. Gerade hier klaffen noch die schmerzlichsten Lücken. Ein notwendiger Anfang, also, ein überfälliger. Vielleicht hat er die Spannkraft, weiterzuführen.

Anfang der 1970er Jahre kam es zu einem Wandel in der DDR (Schlussakte von Helsinki 1975). In dieser Zeit begannen sich in Teilen der Psychotherapeutenszene der DDR, deren Blicke zum größten Teil nach Westen gerichtet waren und die mit ihrer herkömmlichen Arbeitsweise, aber offenbar auch mit sich selbst unzufrieden waren, Bedürfnisse nach Selbsterfahrung und Emanzipation zu regen. Diese Gruppen hatten keineswegs nur die Verbesserung der psychotherapeutischen Kompetenz zum Ziel, sondern dienten auch als Selbsthilfegruppen (Geyer 2000).

In Bad Elster wurde 1969 eine Neurosendefinition erarbeitet, die auf einem analytischen Krankheitsverständnis aufbaute. Mit der Entwicklung der Intendiert Dynamischen Gruppenpsychotherapie (IDG) (Höck 1981, 13), dem einzigen originären Psychotherapieverfahren der DDR, stand eine Behandlungsform für Persönlichkeitsstörungen zur Verfügung, die es bisher in der DDR so nicht gab und die der Neoanalytiker, Sozialist und Schultz-Hencke-Schüler Kurt Höck ausgearbeitet und mit seinem Team am Haus der Gesundheit weiterentwickelt, gut lehrbar und vorbildlich beforscht hat. Theoretisch liegt dem ein Amalgam aus motivations-, sozialpsychologischen und neoanalytischen Konzepten zugrunde. Damit hatte Höck wieder ein wirksames aufdeckendes Verfahren, trotz ideologischen Gegenwindes in der Psychotherapielandschaft der DDR etabliert.

Wichtigstes Ziel psychoanalytischen Arbeitens ist das Aufdecken unbewusster Motive und Konflikte. Waren wir noch weit entfernt von einem klassischen analytischen Arbeiten, so bleibt es doch Höcks Verdienst, sich um ein Therapieverfahren bemüht zu haben, welches es ermöglichte, unter damaligen Bedingungen unbewusstes Material bewusst zu machen. Damit hat er dazu beigetragen, analytisches Gedankengut auch therapiepraktisch wiederzubeleben (Froese 1999, 178). Dieses Verfahren bildete die Grundlage psychotherapeutischer Ausbildung und wurde von den Psychotherapeuten begeistert aufgenommen. Zu einem richtigen Therapeuten wurde man erst dann, wenn man die Feuertaufe einer Ott'schen oder Höck'schen Selbsterfahrungskommunität erfahren und durchgestanden hatte. Die »Dynamiker«, wie sich die »Selbsterfahrenen« nannten, fühlten sich elitär und den anderen überlegen. Ich selbst habe diese Methode in zwei Kommunitäten (Ott'sche Kurzkommunität in Winterstein 1982, Höck'sche Langkommunität VII in Klein Britz) als Teilnehmer miterlebt, später dann selbst stationäre Gruppen in Stadtroda und Jena als Therapeut geführt und kurz nach der Wende als Trainer in zwei von Benkenstein geleiteten Kommunitäten mitgewirkt.

Es war ein Verfahren, welches das Unbewusste anerkannte, mit Konflikten arbeitete, Affekte förderte, die Beziehungsarbeit in den Mittelpunkt stellte, Widerstand und Übertragungsphänomene beachtete. Aber es war auch eine Methode, die den sozialistischen Gesellschaftsbedingungen, der Marx'schen Grundthese, Rechnung trug: »Aber das menschliche Wesen ist kein dem einzelnen Individuum inwohnendes Abstraktum: In seiner Wirklichkeit ist es das Ensemble der gesellschaftlichen Verhältnisse.« (Marx/ Engels 3, 6) Das heißt im Klartext, dass sich das Individuum dem Kollektiv unterzuordnen hatte und die Bearbeitung persönlicher Probleme unzureichend blieb. Es ist nicht zufällig, dass sich gerade deshalb die auch besser kontrollierbare Gruppenpsychotherapie in der DDR entwickeln konnte. Froese sagt dazu: »Brauchte der Sozialismus den neuen Menschen und konnte sich dieser nur im Kollektiv entwickeln, ließ sich dieses Paradigma auch für die Begründung der Notwendigkeit von Psychotherapie im Sozialismus nutzen: Psychische Gesundung mittels Überwindung des Schlechten, des kranken Ich durch das Bessere, durch das gesunde Wir.« (Froese in Seidler/Misselwitz 2001, 88) Und an einer anderen Stelle fährt er fort.

> Es gab unter uns Psychotherapeuten die utopische Vorstellung von der Überwindung der Einzelanalyse durch die Gruppenpsychotherapie. Das ist aus heutiger Sicht der wohl problematischste Punkt an unserer früheren Konzeption. Mit ihm folgten Kurt Höck und wir dem linken Irrglauben, man könne die Zweierbeziehung im Kontext eines idealisierten Wir aufheben. Im Marxismus und den marxistischen Persönlichkeitstheorien gab es kein lebendiges und überzeugendes, das Unbewusste einbeziehendes Verständnis für die Subjektivität des Einzelnen. Und gerade das wollten wir für unsere Klientel in Anspruch nehmen. Dass allerdings bei der intensiven Beschäftigung mit der Subjektivität der Gruppe das Individuelle häufig zu kurz kam, empfanden wir immer wieder. Die Sorge um das Wohl des einzelnen erschien jedoch im Kontext der genannten ideologischen Verklärung des Kollektivs als quasi erlösende Instanz, als Preis, der zwar hoch, aber dennoch vertretbar erschien. (Froese 2001, 95)

So wie ich Höck erlebt und seine Arbeiten verstanden habe, war er von seiner Methode überzeugt, die er nicht nur als eine ursprünglich analytische Methode verstand, die es durch konforme Theorien zu verschleiern galt, um den wahren Charakter zu verbergen und nur noch Eingeweihten zugängig zu machen. In Budapest 1978 sagt er klar:

> Die Bezeichnungen »intendiert« und »dynamisch« kennzeichnen die spezifischen Aspekte der Einheit und Wechselwirkung von Inhalt und Struktur in unserer Konzeption, zugleich auch von Therapeut und Gruppe und Gruppe und Individuum. Dies bezieht sich sowohl auf die Gruppentätigkeit insgesamt als auch auf die inhaltlich unterschiedlichen Phasen und die damit verbundenen funktionalen Veränderungen. Zugleich dienen beide Bezeichnungen auch zur Abgrenzung gegenüber anderen gruppentherapeutischen Methoden. »Inten-

diert«, im Sinne von angezielt, angestrebt, hinführend, beinhaltet die Abgrenzung gegenüber psychoanalytischen Konzeptionen der dynamischen Gruppenpsychotherapie, den gesellschaftlichen Bezug der Normen, Wertsetzungen usw., der gemeinsamen Zielstellung, die weitgehend vom Therapeuten intendiert und aufrecht erhalten wird. Durch die Bezeichnung »dynamisch« erfolgt eine Abgrenzung gegenüber den fest strukturierten, direkten, leiterzentrierten Formen der Gruppenbehandlung, indem Gruppendynamik, also die Art und Weise der Gruppenbildung, -funktion und -struktur in ihrer Bedeutung für den therapeutischen Prozess akzentuiert wird. (Höck 1978, 131)

Der Verlauf des Gruppenprozesses der IDG war entscheidend durch das Verhalten des Therapeuten bestimmt und konnte durchaus sehr unterschiedlich verlaufen, zum Beispiel erlebte ich Höck eher dynamisch konfrontierend, Ott und Benkenstein eher abwartend analytisch und Margit Venner eher Regression zulassend und haltend. Der Therapeut und sein Verhalten standen im Mittelpunkt, alles war auf ihn zentriert. Zentrales Ziel war die Überwindung der Abhängigkeit vom Therapeuten mit fast »zwanghaftem Bestehen« auf aggressiver Auseinandersetzung mit ihm. Es gab ein Festhalten am Autoritätskonflikt, den man mit Irene Misselwitz als einen gesellschaftlich bedingten Wiederholungszwang verstehen kann (Misselwitz 2001, 97). Geyer sagt dazu selbstkritisch:

[…] überhaupt die Über-Ich-Kopflastigkcit der gesamten Methode konnte von uns seinerzeit nicht in Verbindung mit unserer gesellschaftspolitischen Situation gebracht werden. Aus heutiger Sicht haben wir das eigentlich anstehende Problem der Auseinandersetzung mit einer autoritären und unerbittlichen Staatsgewalt auf die therapeutische Gruppe verschoben. Dort haben wir dann deren Überwindung dadurch zelebriert, dass wir dem einzelnen die Chance gaben, die eigene Autoritätsabhängigkeit zu begreifen und scheinbar zu überwinden. Wir als Therapeuten haben uns als zu überwindende Macht angeboten. Offenbar hat es uns geholfen, einen unlösbaren Konflikt zu agieren. Man kann hier auch Positives sehen, wenn unterstellt wird, dass hier der Umgang mit der Macht trainiert wurde. Zweifellos hat jedoch diese Art, ein politisches Thema zu psychologisieren, auch politische Lösungen behindert. Es wäre auch zu reden über die implizit in der Konzeption enthaltene Ablehnung einer Beschäftigung mit unbewussten regressiven Wünschen und frühen Traumatisierungen eines hilflos übermächtigen Gewalten ausgelieferten Individuums. (Geyer 1992, 120)

Noch eins sollte nicht unerwähnt bleiben. Die oft soghaft-regressiven

Gruppenprozesse produzierten eine Fülle von analytischem Material, das ins Bewusstsein drang und auf die Gruppenleiter übertragen wurde. Oft blieb dieses Material unbeachtet und unbearbeitet. Stattdessen wurde auf »Beziehungsklärung« auf der Realebene fokussiert. Ich selbst erlebte Höck seinen Mitarbeitern gegenüber sehr autoritär, wenn er als »Supervisor« in die Gruppenstunde eingriff und mitagierte, den Gruppentrainer vor den Gruppenmitgliedern depotenzierte, um dann in seinen Großgruppen um so mehr zu brillieren.

Trotz berechtigter Kritik waren die Selbsterfahrungsgruppen meist mit tiefgreifenden und nachhaltigen Erlebnissen verbunden, mit Auseinandersetzungen und Solidarisierungen. Wir probten zwar immer wieder aus einem Gemeinschaftsgefühl heraus den Aufstand, aber ohne je in den Großgruppen ernsthaft über die Parallelen zum vormundschaftlichen Staatsgefüge der DDR zu diskutieren. Und doch hatte das »Als-ob« auch etwas Revolutionäres. Implizit trainierten wir den aufrechten Gang. Die Selbsterfahrung führte zu einer erheblichen Angstminderung vor Autoritäten. Vielen von uns gelang es deutlicher, Missstände im Gesundheitswesen anzusprechen und psychotherapeutische Positionen in einer überwiegend somatisch orientierten Medizin zu artikulieren und auch Veränderungen durchzusetzen. In meiner Stasiakte fand ich folgende Eintragung, auf die ich stolz bin. Einer meiner IMs schrieb am 20.11.1986 unter anderem: »Meiner Ansicht nach hat sich Ludwig während seiner Subspezialisierung [...] zum Negativen verändert. Im Gegensatz zu früher (vor ca. 5 – 6 Jahren) erscheint er jetzt aggressiver und ablehnender manchen Dingen unserer Partei- und Staatsführung gegenüber.« Es gelang mir, mich von der operativen Durchführung von Schwangerschaftsabbrüchen entbinden zu lassen, ohne dass ich, wie damals üblich, die Klinik verlassen musste. Später weigerte ich mich, während meiner Psychotherapieausbildung an der reihenweise durchgeführten Elektrokrampfbehandlung von Psychiatriepatienten teilzunehmen. Das alles mag uns heute harmlos erscheinen, erforderte damals aber durchaus etwas Mut und Risikobereitschaft. Das Rüstzeug dafür holte ich mir in den Selbsterfahrungsgruppen.

Mit den unerwarteten Veränderungen, eingeleitet durch Gorbatschow, bekam der DDR-Slogan »Von der Sowjetunion lernen, heißt siegen lernen« eine ganz neue Bedeutung. Auf dem vor allem von Michael Geyer (1987) initiierten Erfurter großen Ost-West-Psychotherapeutenkongress 1987 kam es zu einer ersten größeren Begegnung zwischen Psychotherapeuten aus Ost und West mit zahlreichen Kontaktaufnahmen, ja regelrechten Verbrüderungsszenen. Dieser historische Kongress nahm atmosphärisch etwas von dem vorweg, was Deutschland 1989 in der Einheitseuphorie erleben sollte. Durch die Initiative von Irene Misselwitz kam es zur Kontaktaufnahme mit der Heidelberger Psychoanalytikerin Hildegard Munzinger-Bornhuse. Aus dieser Begegnung entstand die erste analytische Supervisionsgruppe, zunächst »konspirativ« (als Verwandtenbesuch getarnt), dann nach der Wende ganz offiziell als analytische Supervisionsgruppe Jena-Heidelberg bezeichnet, die sich bis zu dreimal jährlich zu intensiven analytischen Arbeitswochenenden traf (Ludwig 2001; Misselwitz 2001; Rothenburg 2001) und nach der Wende einige Jahre weitergeführt wurde. Von den neun ehemaligen ostdeutschen Mitgliedern begaben sich später fast alle in eine analytische Ausbildung. Sie sind heute Mitglieder der DGPT und hatten oder haben verantwortliche Funktionen in ihren Instituten. Fünf sind in der DPV, wovon zwei die volle Ausbildung absolviert haben.

Auf dem Psychotherapeutenkongress mit internationaler Beteiligung im Januar 1989 in Berlin erklärten die Teilnehmer unumwunden, dass sie nicht bereit seien, die Fehler der Gesellschaft zu heilen. Das war eine entschiedene Absage und Kritik an der Regierung, wie sie bis dahin undenkbar war. Die Mitglieder der Gesellschaft für »Ärztliche Psychotherapie« beschlossen eine Namensänderung in »Gesellschaft für Psychotherapie, Psychosomatik und Medizinische Psychologie der DDR«. Für spezialisierte Psychotherapeuten wurden 250 Stunden Selbsterfahrung in der Dyade und Gruppen und über 200 Stunden Fallsupervision gefordert. Michael Geyer und Werner König setzten sich für eine »fokale Lehranalyse« ein und Achim Maaz warb für körperorientierte Selbsterfahrung und eine »Therapie für Therapeuten«.

Der Blick auf bedeutende Entwicklungslinien der Psychotherapie der DDR, die keine Geschichte der Psychoanalyse, sondern eine Geschichte der Psychotherapie ist, zeigt dennoch einen inneren Entwicklungsprozess, hin zur abgebrochenen Tradition der Psychoanalyse. Zunächst stellte sich sehr langsam und mehr implizit die Gewissheit ein, dass, will man analytisch arbeiten, kein Weg an Freud vorbei führt. Es genügte nicht, als Begründung für die fehlende Psychoanalyse in den späten Jahren der DDR, allein auf die repressiven gesellschaftlichen Verhältnisse zu verweisen.

Die Gruppe der Psychotherapeuten und ihre führenden Vertreter orientierten sich doch eher an anderer analytischer Literatur, als Freud zu rezipieren. Autoren wie Fromm, Riemann, Richter, Willi, Reich, Kohut, Kernberg, Luborski, Janov, Yalom etc. gingen von Hand zu Hand. Freud selbst galt nicht selten als überholt, die so genannten Freudianer als grundsätzlich orthodox. Die Forderung, Texte von Freud zu publizieren, ging von Schriftstellern und Wissenschaftshistorikern aus, nicht von Psychotherapeuten.

Können wir heute, 19 Jahre nach der Wende, wirklich schon unbefangener mit der Frage umgehen, ob es in der DDR Psychoanalyse gab oder nicht? Die besondere Situation des Anschlusses an die Bundesrepublik Deutschland mit der totalen Übernahme aller wirtschaftlichen und sozialpolitischen Rahmenbedingungen war für die ostdeutschen Psychotherapeuten von existentieller Bedeutung. Es galt, Besitzstände und berufliche Existenzen zu sichern und zu behaupten. Es galt, Bestrebungen entgegenzuwirken, die die beruflichen und fachlichen Kompetenzen der DDR-Psychotherapeuten nicht anerkennen wollten. Vor diesem Hintergrund wird es verständlich, warum eine kritische Auseinandersetzung der DDR-Psychotherapeuten mit ihrer Berufsgeschichte erst spät möglich wurde. So sind Behauptungen wie: »Bei uns wurde schon immer Psychoanalyse gemacht« oder: »Wir waren schon immer Psychoanalytiker« verständlich. Hinzu kamen erschwerend die speziellen Regelungen der Richtlinienpsychotherapie, die nur speziellen Verfahren den Zugang zu den Kassen ermöglichten.

Natürlich ist mir bewusst, dass hier und anderswo immer wieder darüber gestritten wird, was denn jeweils unter Psychoanalyse zu verstehen sei. Wissenschaftlich lässt sich das wohl nicht klären, und schon gar nicht ist es ein Ost-West-Problem. Für den einen ist sie mehr als eine bloße Wissenschaft – eine Geisteshaltung, die unsere Leidenschaft und Liebe verdient, vielleicht auch eine weltanschaulich-ethische Heimat, die man sich in einer schwierigen inneren Wanderschaft im Rahmen einer langen eigenen Analyse, gegen zahlreiche äußere und vor allem innere Widerstände und unter Abschiednahme von einst vertrauten illusionären Verkennungen mühsam in einem herrschaftsfreien Dialog aneignet. Sie geht über den therapeutischen Ansatz hinaus und dient vorrangig der Erkenntnis und vor allem der Selbsterkenntnis. Hier besteht natürlich auch die Gefahr, dass die Psychoanalyse idealisiert wird und unter Umständen religiöse Züge annehmen kann.

Für die anderen ist Psychoanalyse eine Theorie, ein Handwerk, vielleicht auch ein Kunsthandwerk mit einer ausgefeilten Technik, die erlern- und handhabbar ist, vielleicht auch ohne analytische Identität auskommend. Sie ist nicht in erster Linie erkenntnis-, sondern therapiegeleitet. Es besteht die Gefahr der Instrumentalisierung und der Reduktion auf technische Fragen. Hier würde ich die analytischen Psychotherapien ansiedeln, die theoretische und technische Anleihen bei der Psychoanalyse nehmen. Auch die in der DDR gängigen Verfahren wie die Intendiert Dynamische Gruppenpsychotherapie, die dynamische Einzeltherapie, das Katathyme Bilderleben und die Körpertherapie möchte ich hier einordnen.

Psychoanalyse aber ist ohne eine analytische Kultur, ohne freie und regelmäßige Ausübung der Methode, ohne Ausbildungsinstitute, ohne eine Gemeinschaft von Gleichgesinnten, ohne offen geführte wissenschaftliche Auseinandersetzungen nicht möglich. All das war in der DDR nicht vorhanden. Das aber sind notwendige Bedingungen für das Arbeiten als Psychoanalytiker. Wie sollte die analytische Grundregel – die Aufforderung, frei über alles zu sprechen – bei allgegenwärtiger und bis in die Behandlungszimmer hineinlauschender Staatssicherheit befolgt werden? Konnte der Patient dem Therapeuten und der Therapeut dem Patienten diesbezüglich wirklich trauen? Wohl kaum.

Mit dem Freud-Symposium im Juli 1989 in Leipzig zu seinem 50. Todestag hatte Freud wieder einen Platz als Wissenschaftler in der schon dahinscheidenden DDR gefunden. Michael Geyer forderte damals als einer der hochrangigen Vertreter der DDR-Psychotherapie, den verlorengegangenen Anschluss an die Psychoanalyse Sigmund Freuds wiederzugewinnen (Geyer 1989). Bis zu diesem Zeitpunkt gab es keine offizielle Anerkennung der Psychoanalyse, weder als Wissenschaft vom Unbewussten noch als Therapiemethode. In Leipzig wurde ein entscheidender, neuer Anfang gemacht. Nicht mehr und nicht weniger. Als 1996 die Mitteleuropäischen Psychoanalytischen Vereinigungen in Weimar tagten, schloss Carl Nedelmann seinen Vortrag mit den Worten: »Mag auch die Erinnerung, dass das Objekt einmal verloren gegangen war oder sogar als zerstört galt, traurig stimmen. Schließlich kommt alles darauf an, ob sich das Wiederfindungsglück als stärker erweist.« (Nedelmann 1996, 18)

Literatur

Alexander, D. (1981): »Die marxistisch-leninistische Philosophie und das Problem des Unbewussten – Geschichte und Ergebnisse einer tiefgreifenden Kontroverse«. In: Katzenstein, A.; Späte, F; Thom, A.: *Sigmund Freud – 6.5.1856 – 23.09.1939 – Vorträge der Arbeitstagung anlässlich des 125. Geburtstages Sigmund Freuds*. Bernburg: Selbstverlag.

Bernhardt, H. (1998): Mit Sigmund Freud und Iwan Petrowitsch Pawlow im Kalten Krieg – Vom Untergang der Psychoanalyse in der frühen DDR. In: Diederichs, P. (Hrsg.): *Psychoanalyse in Ostdeutschland*. Göttingen: Vandenhoeck & Ruprecht, 11-50.

Böttcher, H. R (1979): *Psychoanalyse und Persönlichkeitstheorie*. Berlin: VEB Deutscher Verlag der Wissenschaften.

Cremerius, J. (1973): »Arnold Zweig – Sigmund Freud – Das Schicksal einer agierten Übertragungsliebe«. In: *Psyche*, 27, 658-668.

Froese, M.(1999): »Zur Wiederbelebung der analytischen Psychotherapie in der DDR«. In: *Forum der Psychoanalyse*, 15, 175-186.

Froese, M.; Misselwitz, I. (2001): »Hinterher ist man klüger. Interview zur Intendierten Dynamischen Gruppenpsychotherapie aus heutiger Sicht«. In: Seidler, C.; Misselwitz, I. (Hrsg.): *Die Intendierte Dynamische Gruppenpsychotherapie*. Göttingen: Vadenhoeck & Ruprecht.

Freud, S. (1913f): »Das Motiv der Kästchenwahl«. In: *Imago*, 2, 257-266.

Fühmann, F. (1982): »Zu Sigmund Freud«. In: Freud, S.: *Trauer und Melancholie*. Berlin: Spektrum. Volk und Welt, 204-227.

Geyer, M.; König, W.; Maaz, H.-J.; Seidler, C. (1989): *Zum Umgang mit psychoanalytischen Konzepten in der Psychotherapie der DDR*. Symposium vom 11.-13. Juli Geschichte und Gegenwartsprobleme der Psychotherapie – zur Stellung Sigmund Freuds und der Psychoanalyse. Leipzig.

Geyer, M. (1992): »Zur Situation der Psychotherapie in der ehemaligen DDR«. In: Tress, W. (Hrsg.): *Psychosomatische Medizin und Psychotherapie in Deutschland*. Göttingen: Vandenhoeck & Ruprecht, 111-123.

Havemann, R. (1951): »Walter Hollitscher: …wissenschaftlich betrachtet…«. *Einheit*, 6, 1635-1643.

Helm, J.; Rösler, H.-D.; Szewczyk, H. (Hrsg.) (1979): *Klinische Psychologie – Theoretische und Ideologische Probleme*. Berlin: VEB Deutscher Verlag der Wissenschaften.

Höck, K. (1978): Modellvorstellungen der intendierten dynamischen Gruppenpsychotherapie. Psychotherapieberichte HdG 31/85, Berlin, 127-135.

Höck, K. (1979): *Psychotherapie in der DDR – eine Dokumentation zum 30.Jahrestag der Republik*, Teil 1, III-4-9-H, 544-08 J 1535-79.

Höck, K. (1981): »Konzeption der intendierten dynamischen Gruppenpsychotherapie«. In: Höck, K.; Ott, J.; Vorwerg, M.: *Psychotherapie und Grenzgebiete*, Bd. 1, Leipzig: Barth.

Hollitzscher, W. (1951): »Kritik der Psychoanalyse«. In: ....*Wissenschaftlich betrachtet ... 64 gemeinverständliche Aufsätze über Natur und Gesellschaft*. Berlin: Aufbau, 335-344.

Hollitscher, W. (1953): »Die philosophische Bedeutung der Lehre Pawlows«. In: Pawlow-Tagung. Berlin, 140ff.

Hollitscher, W. (1970): *Aggression im Menschenbild – Marx, Freud, Lorenz*. Frankfurt a. M.: Marxistische Blätter.

Hollitscher, W. (1981): »Autobiographisches«. In: Schleifstein, J.; Wimmer, E. (Hrsg.): *Plädoyers für einen wissenschaftlichen Humanismus*. Frankfurt a. M.: Marxistische Blätter.

Hörz, H. E. (1975): *Blickpunkt Persönlichkeit*. Berlin: VEB Deutscher Verlag der Wissenschaften.

Hörz, H. (2003): »Zwischen Freud und Pawlow – Anmerkungen zu einer aktuellen Hollitscher-Deutung«. In: Alfred Klahr Gesellschaft (Hrsg.): *Zwischen Wiener Kreis und Marx – Walter Hollitscher (1911-1986)*. Eigenverlag, 45-58.

Kätzel, S. (1987): *Marxismus und Psychoanalyse – Eine ideologiegeschichtliche Studie zur Diskussion in Deutschland und der UdSSR 1919-1933*. Berlin: VEB Deutscher Verlag der Wissenschaften.

Lockot, R. (2000): »Der sächsische Fels in der Brandung – Eduard Richard Alexander Beerhold (29.12.1883-03.11.1976)«. In: Bernhardt, H.; Lockot, R. (Hrsg): *Mit ohne Freud – Zur Geschichte der Psychoanalyse in Ostdeutschland*. Gießen: Psychosozial, 249-254.

Ludwig, A. (1999): »Der Exodus der Psychoanalyse – vom Schicksal der Menschen und der Ideen«. Zum Beitrag von Helmut Junker. In: *Psychosozial*, 78, 61-64.

Ludwig, A. (2000): »Der Weg der psychosomatischen Gynäkologie in der DDR und nach der Wende in Ostdeutschland«. In: Dietrich, C.; David, M.: *Einsichten und Aussichten in der psychosomatischen Frauenheilkunde* – 20 Jahre OGPGG – Tagungsbeiträge des X. Symposiums in Freyburg (Unstrut), 19. und 20. November 1999. Berlin: Akademos.

Ludwig, A.(2001): »Überholen ohne Einzuholen? Erfahrungen eines ostdeutschen Psychotherapeuten mit der psycho-analytischen Ausbildung im Westen – ein erster Rückblick. In: *Freie Assoziation*, 3, 279-297.

Ludwig. A. (2008): »Ein wahrlich historisches Ereignis«. In: *DPV-Informationen*, Nr. 45, 35-36.

Marx, K.; Engels, F. (1962): *Werke*, 3. Berlin: Dietz.

May, U. (2000): »Therese Benedek (1892-1977): Freudsche Psychoanalyse im Leipzig der zwanziger Jahre«. In: Bernhardt, H.; Lockot, R. (Hrsg): *Mit ohne Freud – Zur Geschichte der Psychoanalyse in Ostdeutschland*. Gießen: Psychosozial, 51-65.

Mette, A. (1930): »Zur marxistischen Kritik der Psychoanalyse«. In: *Aufbau*, 3, 53-56.

Mette, A. (1956): *Sigmund Freud*. Berlin: Volk und Gesundheit.

Mette, A. (1958): *Sigmund Freud*. Berlin: Volk und Gesundheit.

Misselwitz, I., Froese, M. (2001): »Hinterher ist man klüger. Interview zur Intendierten Dynamischen Gruppenpsychotherapie aus heutiger Sicht«. In: Seidler, C.; Misselwitz, I. (Hrsg.): *Die Intendierte Dynamische Gruppenpsychotherapie*. Göttingen: Vadenhoeck & Ruprecht.

Misselwitz, I. (2001): »Zu Problemen der deutsch-deutschen Vereinigung am Beispiel einer ehemals ›konspirativen‹ Arbeitsgruppe in Jena«. In: *Luzifer-Amor*, 14 (27), 126-136.

Müller-Hegemann, D. (1960): »Buchbesprechung, Mette, A.: Sigmund Freud«. In: *Psychiatrie, Neurologie und medizinische Psychologie*, 12, 158.

Nedelmann, C. (1996): *Wiederfinden des Objekts – eine Fallgeschichte*. Unveröffentlichter Vortrag. Tagung der Mitteleuropäischen Psychoanalytischen Vereinigung vom 30.03.-4.4.1996 in Weimar. Tagungsmaterial.

Rapoport, I. (1997): *Meine ersten drei Leben. Erinnerungen*. Berlin: edition ost.

Richter, H.-E. (1976): *Flüchten oder Standhalten*. Reinbek: Rowohlt.

Rothenburg, C. (2001): »Erfahrungen eines westdeutschen Psychoanalytikers in der Begegnung mit ostdeutschen Psychotherapeuten«. In: *Freie Assoziation*, 3, 265-278.

Sommer, P. (1997): »Kurt Höck und die psychotherapeutische Abteilung am ›Haus der Gesundheit‹ in Berlin – institutionelle und zeitgeschichtliche Aspekte der Entwicklung der Gruppenpsychotherapie in der DDR«. In: *Gruppenpsychotherapie und Gruppendynamik*, 33, 133-147.

Steigerwald, R. (2003): »Auch eine Wiedergutmachung – Zum Erscheinen von Hollitschers Naturdialektik-Vorlesungen«. In: Alfred Klahr Gesellschaft (Hrsg.): *Zwischen Wiener Kreis und Marx – Walter Hollitscher (1911-1986)*. Eigenverlag, 65-68.

Wittich, D. (2003): »Walter Hollitscher als Interpret und Popularisator wissenschaftlicher Prozesse – Feststellung und Gedanken zu seinem Leben und Werk – unter besonderer Beachtung seiner Jahre in der frühen DDR. In: Alfred Klahr

Gesellschaft (Hrsg.): *Zwischen Wiener Kreis und Marx – Walter Hollitscher (1911-1986)*. Eigenverlag, 15-43.

Wolf, C. (1986): »Krankheit und Liebesentzug – Fragen an die psychosomatische Medizin«. In: Wolf, C.: *Die Dimension des Autors*, II. Berlin: Aufbau, 271-292.

Zweig, A. (1956): »Die Natur des Menschen und Sigmund Freud – Zu Freuds 100. Geburtstag«. In: *Neue Deutsche Literatur*, 5, 89-95.

Zweig, A. (1996): *Freundschaft mit Freud – ein Bericht*. Berlin: Aufbau.

Ludger M. Hermanns

Schlusswort

Ausgehend von dem komplexen und materialreichen Überblick aus der Sicht eines ungarischen Emigranten, André Haynal, der aus seiner Außensicht manches schärfer und nicht von verständlichen Rücksichtnahmen gemildert darstellen konnte, haben wir ein ungewöhnlich dichtes Bild der ungarischen Situation der Psychoanalyse nach der Verfolgung durch deutsche Nationalsozialisten und ungarische Pfeilkreuzler gewinnen können. Das allein bedürfte eines weiteren Nachdenkens und konnte in den Vorträgen und Diskussionen leider oft nur angerissen werden. Jedenfalls ergab sich durch Haynals hier nachzulesende Eröffnungsrede ein Kontrast zum Auftreten des Altmeisters G. Hidas auf der Tagung, der eindrucksvoll die durch Imre Hermann repräsentierte Kontinuität der ungarischen Psychoanalyse seit ihrer Begründung durch Sándor Ferenczi vor hundert Jahren hochzuhalten sich bemühte.

Gleichwohl haben wir mit der vergleichenden Betrachtung der psychotherapeutischen Versorgung und Ausbildungslandschaft der DDR in ebendiesen Jahren ein zusätzliches breites Referenzspektrum eröffnet, das für beide Seiten erhellend gewesen ist. In diesen abschließenden Gedanken sollen nur einige wenige Gesichtspunkte aufgegriffen werden.

Der größte Unterschied zwischen beiden Ländern ist, dass sich in Ungarn über Krieg und Verfolgung und stalinistische Eis- und reformistische Sonnenzeiten hinaus Psychoanalytiker in ihrer beruflichen Praxis mit welchen Kompromissen auch immer am Leben erhalten haben, während in der DDR die fast völlige Zerstörung der Psychoanalyse bei gleichzeitiger Entfaltung einer sehr breiten psychotherapeutischen Bewegung gelungen ist. Dabei darf nicht vergessen werden, dass es gleichzeitig im anderen Deutschland zu einer unvorstellbaren Renaissance und Blüte der Psychoanalyse gekommen ist, die erstaunlich wenig in die DDR abstrahlen konnte, und wenn erst sehr, sehr spät.

In der psychotherapeutischen Bewegung der sozialistischen Länder gab es allerdings schon frühzeitig eine internationale Zusammenarbeit, in der auch ungarische Psychoanalytiker wie ein Ferment wirken konnten. Darin spielte die Gruppentherapie eine wesentliche Rolle, in der zunehmend analytische Aspekte in ganz eigenen Kreationen und mit besonderen Ausbildungsmodellen (Psychotherapeutische Wochenenden, Kommunitäten etc.) an Einfluss gewannen. Andererseits verbietet sich jeglicher Hochmut von Seiten der (ehemals) westdeutschen Psychoanalytiker, wenn man sich vor Augen führt, das gleichzeitig zum Aufkommen einer analytisch inspirierten Gruppentherapie in Ostdeutschland (der so genannten intendierten dynamischen Gruppenpsychotherapie) ab 1967 und folgende das System einer vom kassenärztlichen System gestützten, so genannten »analytischen Psychotherapie« in Westdeutschland und Westberlin Einzug hielt. Also zwei unterschiedliche Anwendungsformen als Steigbügelhalter für die unabgeschwächte Psychoanalyse? Jedenfalls genug Stoff zum vergleichenden Nachdenken.

Die Rolle Ungarns und insbesondere von Budapest kann für die vor allem in den 1980er Jahren einsetzende psychoanalytische Orientierung bei DDR-Psychotherapeuten nicht hoch genug eingeschätzt werden; vor der schleichenden Grenzöffnung im Sommer 1989 war in Budapest schon länger ein »geistiger Mauerdurchbruch« erfolgt, von dem unter anderem Franz Fühmann in seinem Reisebuch »Zweiundzwanzig Tage oder die Hälfte des Lebens« (1980) ein literarisches Zeugnis abgelegt hat.

Auffallend ist eine Parallele in der öffentlichen Bloßstellung und Bekämpfung der Psychoanalyse in den späten 1940er und frühen 1950er Jahren in Ungarn und der DDR: Viel später von der ostdeutschen Reformbewegung und der westdeutschen und internationalen Studentenbewegung als fortschrittlich erkannte Denker wie Robert Havemann und Georg Lukács waren die schärfsten Kritiker der Psychoanalyse, die sie unisono als »antihumanistische barbarische Ideologie« gebrandmarkt haben. Mit ähnlichem Vokabular hatten die letzten Vorkriegsanalytiker auf ostdeutschem Boden (Alexander Mette und Walter Hollitscher) der Psychoanalyse abgeschworen. In dem lesenswerten Buch von Heike Bernhardt und Regine Lockot (*Mit ohne Freud. Zur Geschichte der Psychoanalyse in Ostdeutschland*, Gießen 2000) und dem Themenheft der psychoanalysehistorischen Zeitschrift *Luzifer-Amor*, Nr. 27/2001, sind die entsprechenden Entwicklungen in der DDR detailliert beschrieben.

Da naturgemäß auf dieser Tagung nur die ostdeutsche und ungarische Psychotherapie- und Psychoanalyseszene ausgeleuchtet wurde, blieb ein anderer interessanter Aspekt unbeachtet. Gibt es nicht trotz prinzipieller Unterschiede eine Parallele zwischen den beiden Urgesteinen der ungarischen und der (west)deutschen Psychoanalyse in den 1940er und 1950er Jahren, Imre Hermann und Carl Müller-Braunschweig: einerseits was ihre politische Wendigkeit, andererseits was ihre zunehmend starrer werdende theoretische Orientierung anbetraf, die Wolfgang Loch für die Deutsche Psychoanalytische Vereinigung und insbesondere ihren Gründer und ersten Vorsitzenden Müller-Braunschweig (1950-1956) in die Formel von der »regressiven Abwehrorthodoxie« gefasst hat?

Ein Themenkomplex wurde auf der Tagung nur am Rande beschrieben und könnte in Zukunft einmal ausführlicher betrachtet werden: Inwieweit ist die staatliche Verfolgung von demokratischen und oppositionellen Kräften mithilfe von Einsichten der Psychoanalyse erfolgt und wo hat es eine entsprechende Aufarbeitung vom Einbruch des Staates in die psychoanalytische und psychotherapeutische Praxis gegeben? György Dalos hat bereits in einem Bericht in der *Frankfurter Allgemeinen Zeitung* vom 14.12.1991 unter dem Titel »Netzwerk Orange/Stasi und Literatur: Ungarn« en passant darauf hingewiesen, dass »eine Aktivistin der illegalen Gruppe ›Fonds zur Unterstützung der Armen‹ bei einem Verhör mit dem Protokoll ihrer psychoanalytischen Behandlung« konfrontiert worden sei.

Nach dieser reichen Ernte und der im Ambiente des lichten Neubaus des Collegium Hungaricum Berlin gelungenen Begegnung von ungarischen und deutschen Psychoanalytikern und Intellektuellen bleibt es mir nur noch, auch im Auftrag von Franziska Henningsen, Dank an die veranstaltenden Institutionen Collegium Hungaricum Berlin und Deutsche Psychoanalytische Vereinigungn zu sagen. Das CHB als Gastgeber hat mit allen seinen Mitarbeiterinnen diese Tagung unprätentiös und großzügig getragen, wofür stellvertretend Ágnes Berger und dem Leiter János Can Togay herzlich gedankt werden soll. Die Finanzierung wurde neben dem CHB von der DPV und der Köhler-Stiftung besorgt, was einen besonderen Dank verdient.

Der Glücksfall, dass eine amtierende Außenministerin und Psychoanalytikerin für die Eröffnung unserer Tagung gewonnen werden konnte, gab unserem Unternehmen einen besonderen Charme, der in der literarischen

Lesung von Péter Nádas nach dem wissenschaftlichen Programm eine ebenbürtige Entsprechung finden wird.

Zuletzt darf ich Sie schon heute einladen zu einer von zwei geplanten Folgetagungen Budapest-Berlin im Herbst 2010, wo wir den psychoanalytischen Verbindungen beider Städte 1918-1920 nachgehen wollen.

Péter Nádas

Literarische Nachrede
Das uns anvertraute Leben des anderen
Eine Skizze zweier psychoanalytischer Grenzfälle

»Mich haben die Kommunisten zugrundegerichtet.« Darauf konnte ich nichts erwidern, konnte nicht umhin aufzulachen. Es klang wie ein Scherz. Ich fragte ihn, wie er das meine. Mein Lachen galt nicht nur der Tatsache, dass ich einen stattlichen und durchaus gesund wirkenden jungen Mann vor mir hatte, sondern vor allem meiner eigenen Überraschung. *Esse est percipi.* Wir hatten uns schon öfter unterhalten, ohne dass er mir aufgefallen wäre. Doch jetzt begriff ich nicht nur die persönliche Natur seiner Aufforderung, sondern warf auch einen Blick in den Spalt, der die Wahrnehmung der Dinge von der Apperzeption dauerhaft zu trennen vermag. Ohne den auffordernden Charakter seines Satzes hätte ich nicht einmal seine emotionale Ungeschliffenheit registriert. Erst Jahrzehnte später, im Zustand des klinischen Todes, wurde mir klar, dass der Verstand bei der Aufnahme zwar jede einzelne Wahrnehmung speichert, den Vorgang der Auswertung der Wahrnehmung mit all seinen wirklichen und vermeintlichen Auslösern speichert und schließlich die Ergebnisse der Wahrnehmung speichert, das Wahrgenommene jedoch nicht in drei, sondern in vier gesonderten Formen, an vier unterschiedlichen Orten des Bewusstseins abrufbar sein wird. Erstens als ursprüngliche Wahrnehmung, von der man meist gar nicht weiß, dass man sie noch irgendwo in seinem Verstand gespeichert hat; zweitens als eine an die Phasen der emotionalen und rationalen Aufarbeitung gekoppelte Wahrnehmung, als Empfindung und Eindruck also, der einem beim Funktionieren im Wachzustand als Orientierung dient; drittens als ein aus dem Blickwinkel von Eigeninteresse und ethischem Urteil bewertetes und überarbeitetes Wahrgenommenes, das ein Hilfsmittel des Handelns ist; und schließlich als ein zwischen diesen verschiedenen Formen entstandener, multifunktionaler und gegenseitiger Zusammenhang, der eine Struktur und wohl identisch mit der das individuelle Leben bestimmenden Denkstruktur und der durch die Speicherplätze bestimmten (phylogenetisch und sozial determinierten) kollektiven Systemstruktur ist.

In meiner großen Verwirrung bemerkte ich natürlich auch, dass es im Habitus des stattlichen, jungen Mannes tatsächlich etwas gab, was ihn unsichtbar machte. Er war bewusst getarnt. Trotz seiner körperlichen Wirklichkeit musste er in der Umgebung aufgehen. Das ist die Grundvoraussetzung des Überlebens in einer Diktatur. Seine Stirn fast zornig vorstreckend, wiederholte er seine Behauptung. Er meine es genauso, wie er gesagt habe, die Kommunisten hätten ihn zugrundegerichtet. Die mit bloßem Auge nicht sichtbare, persönliche Katastrophe bezeichnete er auf der Ebene des kollektiven Geschehens. Was die reale, körperliche Mitteilung auch verbal unterstrich. Hier stehe ich in meiner ganzen emotionalen Leere, liefere mich dir aus, sagte sein Körper. Schweigend verharrten wir auf dem verlassenen Marktplatz der ausgestorbenen Kleinstadt. Er vertraute mir sein Leben an. Obwohl er mir noch lange, sehr lange nicht verraten würde, warum er das tun musste. In großer Not vertrauen die Menschen einander ihre Sorgen an. Aber das nehmen sie selbst nicht ganz ernst. Während sie von ihren Sorgen sprechen, befiehlt ihnen ihr Überlebensinstinkt zu schweigen. Vom Sprechen machen sie nicht Gebrauch, um sich mitzuteilen, sondern vor allem um sich zu schützen, sie beobachten beim Sprechen, wie und warum der andere an den Dingen vorbeiredet. Das ist die eigentliche Information in ihren Dialogen. Aber ich wollte wissen, welche Rolle er mir in seinem zugrundegerichteten und emotional entleerten Leben zugedacht hat, wollte es aus seinem eigenen Mund hören. Ich nahm die Mitteilung des Körpers ernst. Auf meine Fragen hin bekam er einen Muskelkrampf vor lauter Anstrengung, im Hals, in seinen Armen. Autisten ringen so mit dem Engel des Ausdrucksvermögens. Er wollte es sagen, aber er war mit seiner Hand, seinem Hals beschäftigt, wusste nicht, wo er mit der Geschichte beginnen sollte. Ihm fehlte die Kraft, und darauf ist keiner gefasst. Mangels öffentlichen Dialogs sind auch die Wege des inneren Sprechens nicht eingefahren. Nicht nur dort auf jenem Platz, noch jahrelang war er nicht in der Lage, mir seinen Kummer mitzuteilen, obwohl ich mir redlich Mühe gab, passende Sprechsituationen für ihn zu schaffen.

Monate später, als er durchaus richtig spürte, dass mein Interesse allmählich nachließ, da ich eine Aufgabe nicht verrichten konnte, deren Gegenstand wir nicht definiert hatten, begann er mir zu drohen, mich zu erpressen. Hülfe ich ihm nicht, beginge er eben Selbstmord, so wortwörtlich. Aber auch so konnte er es mir nicht sagen. Ich konnte es nicht an seiner Stelle aussprechen. Zuweilen half ihm schon meine bloße Gegenwart, genauer gesagt die Tatsache, dass er auf meine Gegenwart rechnen konnte. Zum Glück verstrickte ich mich nicht in Hypothesen über seinen Kummer. Die Realität erwies sich als weitaus komplexer, als ich sie mir je vorgestellt hätte. Nicht als ob sie bei aller Komplexität nicht auch ziemlich banal gewesen wäre. Sein Alkoholismus war unübersehbar. Bis es Nachmittag wurde, zitterte er bereits, konnte er sich keinen Alkohol beschaffen, bekam er Wutanfälle. In nur wenigen Monaten, vor meinen Augen, fiel er diesem Zustand anheim. Nun steckte ich gleichsam auch schon drin. Ich musste die direkte Fragerei beenden. Trotz allem hatte ich nicht den Eindruck, dass er suchtkrank war. Sein Alkoholismus war nicht ungefährlich, aber er war eine Begleiterscheinung, nicht Ursache, sondern Wirkung. Er litt unter einem Gefühl permanenter und endgültiger Aussichtslosigkeit, was mit den Kommunisten nicht viel zu tun hatte, schon deshalb nicht, weil es im großen Sowjetimperium nicht einen einzigen Kommunisten mehr gab, sie waren einer nach dem anderen hingerichtet worden oder hatten ihre Überzeugung von sich aus aufgegeben, und doch hatte es etwas mit dem realen Zustand eines sich selbst aufzehrenden, auf kriminellen und paranoiden zwischenmenschlichen Beziehungssystemen basierenden Sowjetimperiums zu tun. Als ein Gefangener von Wirkungen und Fassaden zappelte er in einer trostlosen, jeder Individualität beraubten Umgebung, die er selbst noch trostloser machte. Er machte mich mit einem immer wiederkehrenden Satz darauf aufmerksam, dass er keine, aber auch gar keine Freude mehr habe. Was ohnehin nicht zu übersehen oder anders als sprichwörtlich zu verstehen war. Obwohl er sich fast augenblicklich mit jedem verstand, sein Humor, seine Phantasie, seine Empathie glänzend funktionierten. In seinen Beziehungen erwies er sich als ausdauernd, obwohl er glaubte, dass ihm der Zynismus gut stünde und sich die erotische Spannung seiner Beziehungen damit gut auflösen ließ. Wenn das nicht klappte, war er eher nicht solidarisch, neigte stattdessen zum Verrat, dessen Folgen er nicht bedachte. Einen Ausweg bot ihm die Verstellung, in der charmanten Maske der Unschuld und der Arglosigkeit schmuggelte er sich in die Herzen jener zurück, die er tags zuvor noch im Stich gelassen oder verraten hatte. Wie auch immer, er war ungeheuer bedacht darauf, dass diese Beziehungen eben nur bis zur Oberfläche gingen. Tiefer wagte er sich nicht hinein, denn mit der Freude, die ihn erwartet hätte, wäre auch sein Kummer zum Vorschein gekommen, den er naturgemäß mit der auserwählten Person, ob Frau oder Mann, hätte teilen müssen. Er rang höchstens mit seinen geheimen Begierden, was seine Depression noch vertiefte, seinen Selbstmordtrieb bis zur Unerträglichkeit verstärkte, ihn zwang, noch öfter und noch mehr zu trinken, im Zustand der Trunkenheit noch mehr Energie auf die Wahrung seiner Nüchternheit aufzuwenden. Und so weiter.

Etwas später, als mir bei aller Vorsicht keine andere Wahl mehr blieb, als ihn durch eine Berührung meiner Liebe zu versichern, nicht durch eine Umarmung, das nicht, das wäre zu viel gewesen, schließlich verfiel er beim kleinsten Anzeichen von Besitzergreifung in Panik und ergriff die Flucht, aber zumindest indem ich ihn mit beiden Händen an den Armen ergriff, ihn gleichsam mit dem Vorschuss einer Umarmung zurückhielt, den von Weinkrämpfen und Gewinsel begleiteten Anfall des Selbstmordtriebes aufwog, wurde mir vollends klar, dass dieser stattliche Mann tatsächlich einem entwurzelten Baum glich. Er hatte keine spezifische Wärme, keine spezifische Kühle. Seine nicht einzuordnende Körpersubstanz hätte auch Hippokrates in Verlegenheit gestürzt. Er hatte keinen Saft und keine Trockenheit. Seinen ersten Selbstmordversuch hatte er mit sechzehn Jahren begangen. Seine Eltern waren in die Berge gefahren. Er hatte alle Vorkehrungen getroffen, alles genau geplant und berechnet, und hätte seine Mutter dreihundert Kilometer entfernt nur eine halbe Stunde später das zwanghafte Gefühl bekommen, dass sich ihr Sohn in tödlicher Gefahr befand und sie am zweiten Tag des Urlaubs augenblicklich nach Hause zurückfahren musste, hätte er wohl aufgehört zu atmen.

Dass er nicht schizophren war, dessen war ich mir sicher. Einen Psychologen konnte ich ihm nicht empfehlen, er hatte bereits mehrere sitzengelassen und wollte von ihnen nichts mehr wissen. Verheerende Erfahrungen hatten auch mich schon gelehrt, wie es um die ungarische Psychologie stand. Man konnte schließlich nicht im Interesse seiner seelischen Gesundheit vorher jeden bekloppten Psychologen und verbitterten Psychiater heilen. Ich wusste von einigen in die Emigration abgewanderten oder in verwandte Wissenschaften geflüchteten Analytikern, die ohnehin schon bedrohlich überlastet waren. Die Behörden duldeten zwar ihre lebensrettende Tätigkeit als Beweis für die Weichheit der Diktatur, dennoch setzten sie ihnen mit ihren Geheimdiensten nach. Ich wusste außerdem von einigen kleinen, vertieft arbeitenden Zirkeln analytisch ausgebildeter Kinderpsychologen, und doch hatte ich nach anderthalb Jahren den Eindruck, dass es nichts mehr zu erwarten, nichts mehr zu erhoffen, nichts mehr zu verlieren gab, ich wagte es.

Was ich tat, war skandalös, obwohl mich kein wissenschaftliches Argument dazu bringen könnte, es zu bereuen. Meine Scharlatanerie wäre sogar strafbar, wäre sie nicht schon verjährt. Zu meiner Entschuldigung sei gesagt, dass ich meine Vorgehensweise ab und zu mit einem der analytisch ausgebildeten Kinderpsychologen besprach. Ich besprach nicht alles mit ihm, aber fast alles. Er hielt mich nicht zurück, billigte nichts, führte mich nicht, das hätte sein fachliches Verantwortungsbewusstsein gewiss nicht erlaubt, doch ab und zu gab er ziemlich scharfsinnige Analysen der Situation. An dieser Stelle sei erwähnt, dass er mich schon einmal bei einem meiner Skandale, meiner an mir selbst durchgeführten Analyse, begleitet hatte. Was damals nicht auf einem Entschluss von mir beruht hatte, ich war vielmehr unter dem Einfluss meiner Lektüren hineingeschlittert, tiefer und tiefer, ich kannte zwar das Verbot, verstand es auch, aber einen Rückweg gab es nicht mehr. Es wäre mir nicht im Traum eingefallen, ins Elend eines in den Fesseln von Stereotypen gefangenen, tierisch unreflektierten Lebens zurückzukehren. Ich war endlich frei, ich hatte mein Verantwortungsbewusstsein für mich selbst und für andere entdeckt.

Im denkwürdigen Sommer 1968, als ich, obwohl man es mir von außen nicht ansah, in jeder Minute meines Lebens darüber sinnierte, wann und wie, wo und womit ich mich umbringen könnte, bekam ich von Miklós Mészöly einen großen Stoß Lektüren. Zur Geschichte der Diktaturen gehört nämlich auch, dass die klassischen Werke der Psychologie und Philosophie jahrzehntelang nicht zugänglich waren. Mészöly lieh dem jungen und unwissenden Berufskollegen jene aus fremden Sprachen übersetzten, mit Hilfe von Indigopapier und Schreibmaschine vervielfältigten Werke, die eine kleine Gruppe von Wissenschaftlern und Künstlern in den fünfziger Jahren deshalb übersetzt und vervielfältigt hatte, damit sie auch während des größten Terrors mit dem wissenschaftlichen Ausland Schritt halten konnten. Unter den sorgfältig eingebundenen, stark verschlissenen Manuskripten stieß ich auf Carl Gustav Jungs Studien *Über die Archetypen des kollektiven Unbewussten, Einleitung in die religionspsychologische*

Problematik der Alchemie und *Zur Psychologie östlicher Meditation*, die in der heutigen Werkausgabe im Band *Bewusstes und Unbewusstes* zu finden sind. Ich kann nicht behaupten, dass mich diese Studien nicht völlig verwandelt und meinem Leben eine neue berufliche Ausrichtung gegeben hätten. Noch kann ich behaupten, dass die Umstellung auf das neue Berufsfeld nicht unendlich schmerzvoll gewesen wäre. Erst danach kam Freud und mit ihm die seltsamen und verblüffenden Zeichen meiner Assoziationsketten. Ich lernte wach zu schlafen, das heißt für die spätere Analyse meine Träume im Schlaf festzuhalten. Diese spezielle, physisch überaus anstrengende Operation wird vom Gehirn bereitwillig durchgeführt. Es findet eine spezielle Speicherkapazität für die Träume, die Assoziationsketten und den analysierten Traumgehalt und hält sie bereit, damit ich sie gegebenenfalls miteinander in Zusammenhang bringe, auf diese Weise lernte ich, Querverbindungen herzustellen. Jedenfalls verschmolzen infolge der ständigen Öffnungszeiten der Assoziationsketten und Querverbindungen Tag und Nacht miteinander. Diese dauernde geistige und seelische Bereitschaft verhinderte, dass Depression und Todestrieb in ihrem ursprünglichen Ausmaß zurückkehrten, allerdings war zu befürchten, dass ich den Verstand verlor. Zu meinem größten Glück fiel dem evangelischen Dorfgeistlichen, einem überaus kräftigen, sanftmütigen, ein wenig dumpfen, aber in beiden Testamenten sowie in den Ursprungssprachen dieser Testamente, im Hebräischen, Aramäischen, Lateinischen und Griechischen, sowie in den Übersetzungen von Luther und Károli gleichermaßen bewanderten Mann meine schwere Gefährdung auf. Er suchte mich jeden Montag auf, um mir seine Predigt vom Sonntag zu erzählen. Er ertrug es nicht, dass ich in Sünde und Versuchungen lebte, er wollte meine Taufe besiegeln. Ich fand seine Predigten schwach, und um sie mir nicht anhören zu müssen, schwatzte ich dazwischen, er möchte doch lieber über die biblischen Orte selbst, über die Texte, die Textverknüpfungen sprechen, denn sein Fachwissen war imposant, das faszinierte mich. Er weihte mich in die vergleichende Bibelkritik ein. Was ich durch viel zusätzliche Lektüre vor allem geschmuggelter, katholischer Literatur ergänzte. Ich war wieder in jenem Bereich des Bewusstseins, bei jenem sensiblen Verhältnis von Kollektiv und Individuum angekommen, wo ich mich durch die Lektüre der griechischen Mythologie und der griechischen Philosophen schon einmal befunden hatte, in jenem Gebiet des Bewusstseins, jenem Grenzgebiet des Mythischen und

Magischen, das Jung so kraftvoll erleuchtet hat. Ich muss vielleicht gar nicht erwähnen, dass meine Träume, Wachträume und kettenartig zusammenhängenden Assoziationsreihen unter diesen Aspekten, aus dem Blickwinkel von Religion, Mythologie und Meditation betrachtet, einen anderen Stellwert gewannen, als wäre ich bei der Individualität geblieben.

Nach Verlauf von anderthalb Jahrzehnten hatte ich dem jungen Mann ein paar Meditationstechniken beigebracht. Mit ihrer Hilfe konnte er seine Muskelkrämpfe soweit lockern, dass er freiwillig seinen Assoziationsreihen nachgehen konnte. Fortan pendelten wir etwa zwei Jahre lang systematisch zwischen Meditation und freier Assoziation. Er war ein jüngerer Bruder, der mit seinen Masturbationsphantasien auf seinen Bruder und seinen Vater fixiert war. Den Penis des ersteren hatte er gesehen und betrachtet, den des letzteren bis auf ein einziges Mal nicht. Den visuellen Mangel, denn es war ein Mangel, kompensierte er durch den Uringeruch des Vaters beziehungsweise das Schnüffeln an dessen schmutziger und sauberer Wäsche. Aber auch die masturbatorische Identifikation mit ihnen brachte ihn nicht weiter. Er spürte und sah, dass er ihnen weder körperlich noch intellektuell nachgeraten war, mit seiner Mutter wiederum konnte er sich wegen ihres Geschlechts nicht identifizieren, obwohl sie beide emotional und intellektuell in Symbiose lebten. Während wir unserem nie definierten Ziel zustrebten, lag sein an Alkoholismus leidender Bruder im Delirium, fiel ins Koma und starb einige Tage später. Von der gesellschaftlichen Bewertung seiner Masturbationsphantasien hatte er von gleichaltrigen Jungen erfahren. Das gesellschaftliche Urteil erklärte auch das Gefühl völliger Ausgestoßenheit, das er in seiner Familie erlebte, obwohl er sehr geliebt wurde. Er wurde auch dafür geliebt, dass er sich von den anderen Familienmitgliedern unterschied, und doch wollte er so sein wie alle anderen. Seine Pubertät brachte eine neue Wendung, er konnte nunmehr auch seine Zuneigung und seinen Kopulationsdrang zu Mädchen nicht leugnen. Was nichts anderes bedeutete, als dass er doch nicht andersherum war. Logisch betrachtet hätte er sich in dem Moment zum Selbstmord entschließen sollen, als sich herausstellte, dass er aus gesellschaftlicher Sicht schwul war und deshalb aus allen möglichen Gemeinschaften ausgeschlossen sein würde, stattdessen fasste er den Entschluss, als sich herausstellte, dass er aus gesellschaftlicher Sicht keinesfalls schwul war.

Ich will die Geschichte nicht in die Länge ziehen, auf eine einzige Kleinigkeit muss ich jedoch noch hinweisen. Am Ende des Gartens befand sich das Klo. Wo sich auch sein Bruder lange einzusperren pflegte, und wie er selbst nicht nur seine Notdurft erledigte, sondern auch masturbierte. Das Klo roch stark, beim Masturbieren konnte er die frischen Exkremente der Familie sehen. Beim Masturbieren folgte er nicht nur seinem Bruder, sondern auch dem Uringeruch seines Vaters. Dieses komplexe Sinnenerlebnis änderte sich etwas, als sie umzogen. Im Wasserklosett roch er noch deutlicher den Geruch des erwachsenen Mannes, folgte ihm wie betört bei seinem eigenen Genuss. Aber damit kam auch der Erinnerungsvorrat der gemischten Exkremente der einzelnen Familienmitglieder mit allen dazugehörigen Verboten, Zwängen und magischen Vorstellungen. Das Vorbild des eifrig nachgeahmten, älteren Bruders, der Fetisch des väterlichen Uringeruchs und der väterlichen Wäsche versprachen nicht viel Gutes. Die fast zwei Jahre dauernde, gemeinsame Arbeit bestand aus drei einander überlagernden, ineinander hineinwirkenden Operationen und Phasen. Meditation, freie Assoziation, Aktion. Der Bereich der Aktion zerfiel wiederum in zwei Teile. Die erste Aktion fand statt, als der junge Mann zu der freien und souveränen Einsicht gelangte, dass er seinen Selbstmordtrieb nur dadurch überwinden konnte, dass er sich als Schwulen akzeptierte und endlich mit jenem etwa gleichaltrigen Mann schlief, der ihm schon Monate zuvor seine Liebe gestanden hatte, und in den auch er schon seit Langem und unsterblich verliebt war. Das Ergebnis war nicht gerade ein Anlass zu feiern, für unsere gemeinsame Arbeit bedeutete es dennoch einen kräftigen Rückschlag.

Die beiden jungen Männer begegneten nämlich nicht einander, sondern jeder seinem eigenen Narzissmus. Beide sahen im anderen, wenn auch aus unterschiedlichen Gründen, eine genitale Trophäe und nicht eine Persönlichkeit. Und deshalb erwiesen sich beide, allen technischen Bemühungen und Tricks zum Trotz, vom ersten Augenblick an als ganz und gar impotent. Dazu muss man wissen, dass der junge Mann in seinem ersten Universitätsjahr mit zwei Kommilitoninnen geschlafen hatte. Er hatte sich bei beiden als genauso impotent erwiesen wie jetzt bei dem jungen Mann. Eine der beiden jungen Frauen nahm es gleichgültig auf, stand einfach auf und ging weg und behandelte ihn fortan wie Luft, verachtete ihn also doch, die zweite junge Frau hingegen fasste die Impotenz nicht als Mangel an Gemeinsamkeit, sondern als persönliche Beleidigung auf und warf ihm brühwarm ziemliche Grobheiten an den Kopf. Mehr noch, aus Gründen des Selbstschutzes teilte sie das Erlebnis des gemeinsamen Scheiterns anderen Kommilitonen mit, Männern wie Frauen. Der junge Mann war ein guter Sportler. Er verfügte über alle äußeren Merkmale betonter Männlichkeit. Trotz des Geredes büßte er seine Position bei den Kommilitonen nicht ein. Das Schauspiel der Männlichkeit kostete ihn jedoch soviel Energie und ging mit so einer derart zeitraubenden und jede spontane Geste verbietenden Selbstanklage einher, dass selbst seine Autoerotik mit einem Schlag erlosch. Und so mussten wir weitaus wissender als vorher, aber in einer weitaus unangenehmeren Position von neuem mit der Meditation beginnen.

Erst Wochen später, unter großen Hindernissen und begleitet von Alkohol- und Depressionsanfällen und Suizidandrohungen konnten wir zur Assoziation zurückkehren. Bis wir nach monatelanger Arbeit dank seiner Intelligenz und seiner zunehmenden emotionalen Verfeinerung schließlich zu der banalen Einsicht gelangten, dass er das neuerliche, verheerende Erlebnis genauso als einen bedeutungsvollen Teil seines Lebens akzeptieren müsse wie all seine früheren verheerenden Erlebnisse. Wenn er schon den Schwulen in sich ohne Wenn und Aber erkannt hatte, so musste er nun auch den Nicht-Schwulen in sich erkennen und akzeptieren. Jene eigenständige Person, die trotz des genitalen Scheiterns und der sich daraus ergebenden Komplikationen mit dem anderen Mann glücklich war. Und jene mit der eben erwähnten vollkommen identische, eigenständige Person, die sich aus Angst schon seit Jahren der beharrlichen Belagerung einer jungen Frau widersetzte. Zu der er sich selbst stark hingezogen fühlte, in deren Gesellschaft er sich eigentlich freier fühlte als in der jeder anderen Person. Wieder waren wir an der Schwelle zu einer neuen Aktion angekommen, aber es war ziemlich klar, dass ein weiteres Scheitern kaum mehr zu verarbeiten wäre.

Zum ersten Mal in unserer Geschichte fuhr ich ihm heftig dazwischen. Ich verbot ihm, mit dieser attraktiven, jungen Frau zu schlafen. Ich kannte sie. Man musste weder Grobheiten noch Gleichgültigkeit befürchten, dennoch wollte ich sichergehen. Ich erzählte ihr, was wir seit Jahren machten. Sie wusste davon. Ich erwähnte nur die Gefahr des Alkoholismus und den Selbstmordtrieb. Meine Vorsicht war angebracht, so hatte sie es auch von dem jungen Mann erfahren. Was sie darüber hinaus wusste und ahnte, erzählte sie mir auch nicht. Schließlich liebten sie nicht mich, sie liebten einander. Auch die Idee des Verbots erwies sich nicht als Fehler. In der nächsten Sitzung ließ mich der junge Mann gleich wissen, dass er mein Verbot nicht ernst nehmen könne. Sie hatten nach ausgiebigen Telefonaten beschlossen, dass er zu der jungen Frau fahren werde, und da er kein Geld für ein Hotel hatte, bliebe ihm keine Wahl, als mit ihr zu schlafen. Ich hielt das Verbot aufrecht. Lieber wollte ich das Hotel bezahlen. Er lachte mich aus. Im Verbot, in der Zurückweisung des Verbots und im Gelächter kam die ganze Spannung, kamen alle überreifen Früchte unserer zweijährigen Arbeit zum Ausdruck. Er musste die Spannung reduzieren, konnte sich aber doch nicht leisten, mich zu verstoßen. Ich nahm ihm das Versprechen ab, augenblicklich zu seinen Eltern nach Hause zu gehen, den gerade im Gebrauch befindlichen Pyjama seines Vaters zu stehlen und ihn gegebenenfalls, selbst wenn er sich nicht an mein Verbot hielt, anzuziehen und unter keinen Umständen, geschehe, was wolle, auszuziehen, weder die Hose noch das Oberteil, ihn sich auch nicht vom Leib reißen zu lassen. Er werde es nicht zulassen. Meine Forderung war so absurd, dass er sich der Erpressung beugte. Er ging nach Hause, nahm einen mindestens drei Nummern zu kleinen Pyjama seines Vaters aus dem Schrank. Keinen schmutzigen oder in Gebrauch befindlichen, einen frisch gewaschenen, gebügelten. Als er mit seiner Reisetasche das Zimmer der jungen Frau betrat, und sie überschwänglich übereinander herfielen, erzählte er ihr gleich, was dieser blöde Nádas von ihm verlangt habe. Dort in seiner Tasche habe er den mindestens drei Nummern zu kleinen Pyjama seines Vaters, den er werde anziehen müssen. Darüber, über diesen Pyjama, diesen blöden Nádas, mussten sie dann so sehr lachen, dass sie sich aneinander festhalten mussten, ihnen kamen die Tränen, es schüttelte sie miteinander vor glücklichem Gelächter, und somit gab es auch kein Hindernis mehr, plötzlich zu verstummen und sich so zu lieben wie ein Mensch den anderen liebt. Und wenn möglich, noch ein bisschen mehr. Sie bekamen drei Kinder, zwei Jungen, ein Mädchen, und soweit ich von fern erkennen kann, sind sie mal glücklich, mal unendlich unglücklich. Wie wir anderen, wir alle auch.

Aus dem Ungarischen von Akos Doma

Übersicht der veröffentlichten Tagungsberichte

Bernhardt, Heike: »Berlin-Budapest: Psychoanalyse hinter dem Eisernen Vorhang. Tagung des Collegium Hungaricum und der DPV«. In: *Psyche – Z Psychoanal* 63, 2009, 704-707.

Bilger, Andreas: »Berlin-Budapest: Psychoanalyse hinter dem Eisernen Vorhang«. Bericht über eine Tagung am Collegium Hungaricum (mit DPV) 14.-15.11.2008. In: *DPV-Informationen* Nr. 46, März 2009, 23-25.

Huppke, Andrea: »Berlin-Budapest: Psychoanalyse hinter dem Eisernen Vorhang (Tagung im Collegium Hungaricum Berlin, 14.-15. November 2008)«. In: *Luzifer-Amor. Zeitschrift zur Geschichte der Psychoanalyse* 22 (43), 2009, 151-152.

Kitlitschko, Susanne: »Berlin-Budapest – Psychoanalyse hinter dem Eisernen Vorhang. Eine Gemeinsame Tagung des Collegium Hungaricum Berlin mit der DPV«. Am 14.-15.11.2008 im Collegium Hungaricum Berlin. In: *DPV-Informationen* Nr. 46, März 2009, 25-28.

Nedelmann, Carl: »Berlin-Budapest: Psychoanalyse hinter dem Eisernen Vorhang. Bericht über eine gemeinsame Tagung des Collegium Hungaricum Berlin und der Deutschen Psychoanalytischen Vereinigung«. In: *Forum Psychoanal* 2009, 25, 90-93.

Personenverzeichnis

Kurzbiographien

Ágnes Berger (Berlin-Budapest), Diplompsychologin, Studium der Politischen Psychologie in Hamburg, Kulturmanagerin künstlerischer und wissenschaftlicher Programme im Collegium Hungaricum Berlin, Initiatorin und Leiterin des Erinnerungsprojekts »Stolpersteine in Ungarn«.

Ferenc Erös (Budapest), Dr., Ph.D., DSc., Sozialpsychologe, Hochschullehrer. Stellvertretender Direktor des Instituts für Psychologie-Forschung der Ungarischen Akademie der Wissenschaften, Professor am Lehrstuhl für Sozialpsychologie der Universität Pécs.

János Harmatta (Budapest), Dr. med., Psychiater, Neurologe und Soziologe, Psychoanalytiker, Gruppenanalytiker und Psychodramatiker. Leiter der Psychosomatischen und Psychotherapeutischen Klinik Tündérhegy. Präsident der Ungarischen Psychiatrischen Vereinigung.

André Haynal (Genf), Prof. (em.), Dr. med., Psychiater, Psychoanalytiker und Hochschullehrer ungarischer Herkunft, ehemaliger Präsident der Schweizerischen Gesellschaft für Psychoanalyse (IPA) und ehem. Vize-Präsident der Europäischen Psychoanalytischen Föderation, Träger zahlreicher internationaler Auszeichnungen.

Franziska Henningsen (Berlin), Dr. phil, Diplompsychologin, Psychoanalytikerin, Lehranalytikerin (DPV/IPV), Leiterin der Osteuropakommission der DPV, Mitglied der Kommission Öffentlichkeit und interdisziplinärer Dialog der DPV.

Arndt Ludwig (Zwickau), Dr. med., Psychoanalytiker, Lehranalytiker (DPV/IPV), Facharzt für Psychosomatische Medizin und Psychotherapie, Facharzt für Gynäkologie und Geburtshilfe, Vorsitzender des Sächsischen Instituts für Psychoanalyse und Psychotherapie in Leipzig.

Ludger M. Hermanns (Berlin), Arzt und Psychoanalytiker (DPV/IPV), Herausgeber des Jahrbuchs der Psychoanalyse, Vorsitzender des »Archivs zur Geschichte der Psychoanalyse« e. V.

Judit Mészáros (Budapest), Dr., Ph.D., Psychologin, Psychoanalytikerin, Lehranalytikerin der Ungarischen Psychoanalytischen Vereinigung (IPV), Generalsekretärin der Europäischen Psychoanalytischen Föderation, Präsidentin der Sándor Ferenczi-Gesellschaft.

Péter Nádas (Budapest), freier Schriftsteller, Mitglied der deutschen Akademie der Künste, sein erster Roman *Ende eines Familienromans* (1979) wurde in Ungarn erst Jahre nach seiner Vollendung publiziert, da Nádas der Zensur als unerwünschter Autor galt, 1986 erschien sein opus magnum *Buch der Erinnerung*, Preise unter anderem: Österreichischer Staatspreis für Europäische Literatur (1991), Kossuth-Preis (1992) und Preis der Leipziger Buchmesse (1995).

Annette Simon (Berlin), Diplompsychologin, Psychoanalytikerin, Lehranalytikerin der Arbeitsgemeinschaft Psychoanalyse und Psychotherapie Berlin (A.P.B./DGPT), von 1975 bis 1991 in einer psychiatrischen Klinik in Ostberlin tätig.

János Can Togay (Berlin), ungarischer Drehbuchautor, Filmregisseur und Schauspieler, seit 2008 Direktor des Ungarischen Kulturinstituts, des Collegium Hungaricum in Berlin, er ist Initiator vieler kultureller Projekte, unter anderem der Tagungsreihe zu den Wechselbeziehungen zwischen Budapest-Berlin in der Geschichte der Psychoanalyse.